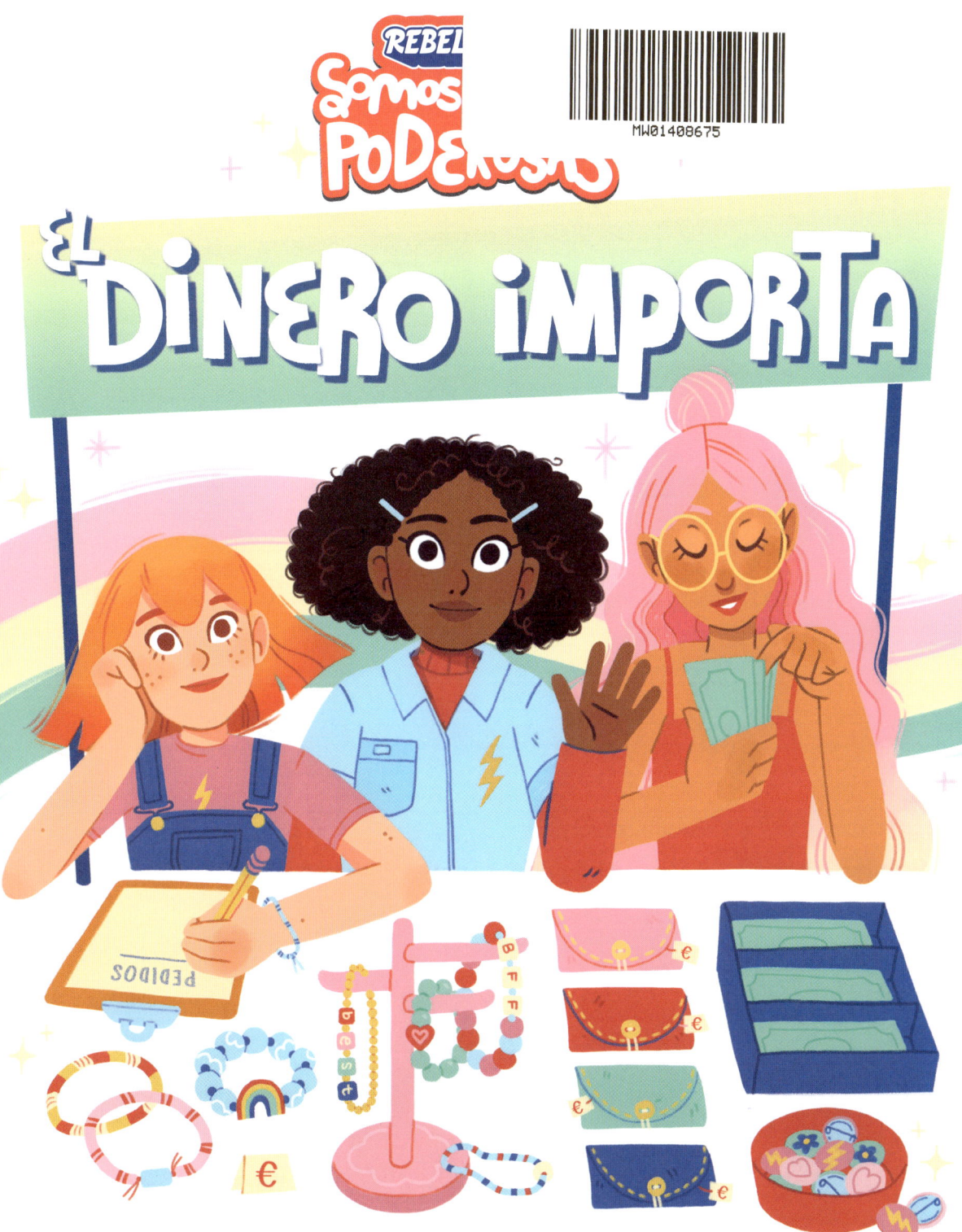

Una guía práctica para gestionar tus finanzas con confianza

Copyright © 2024 by Rebel Girls, Inc.

Texto: Alexa von Tobel y Annie Shapiro
Dirección artística: Giulia Flamini
Ilustraciones: Julia Christians
Diseño gráfico: Kristen Brittain
Edición: Eliza Kirby
Agradecimientos especiales: Hannah Bennett, Jess Harriton, Sarah Parvis, Jes Wolfe

De la edición en español:
Traducción: Manuel Barroso
Revisión: Julieta Brufman y Fernanda Gómez
Composición y maquetación: JuanStudio
Coordinación de proyecto: Lakshmi Asensio
Dirección editorial: Elsa Vicente

Publicado originalmente en Estados Unidos
en 2024 por Rebel Girls, Inc.
421 Elm Ave.
Larkspur, CA 94939
www.rebelgirls.com

Copyright © 2024 Dorling Kindersley Limited
Título original: Rebel Girls Money Matters: A Guide to Saving, Spending, and Everything in Between
© Traducción española: 2025 Dorling Kindersley Limited
Primera edición: 2025

Reservados todos los derechos. Queda prohibida, salvo excepción prevista en la ley, cualquier forma de reproducción, distribución, comunicación pública y transformación de esta obra sin la autorización escrita de los titulares de la propiedad intelectual

ISBN: 978-0-5939-7029-4
001- 340079-May/25
Impreso en China
www.dkespañol.com

Este libro se ha impreso con papel certificado por el Forest Stewardship Council™ como parte del compromiso de DK por un futuro sostenible. Para más información, visita **www.dk.com/uk/information/sustainability**

Cliff, mi faro y mi hogar.
Para ti, el mundo.

Toby, Cashel y Rosey. Vosotros tres sois
mi oxígeno y mi razón de ser.
Sois un hermoso recordatorio de que
siempre podemos hacer más por educar
a las personas, impulsar el mundo
hacia adelante y, juntos, construir
un futuro mejor.

CONTENIDO

Prólogo **8**

Introducción **10**

Capítulo 1:
Conceptos básicos del dinero **12**

Qué podemos aprender de los adultos sobre el dinero 13
Tu vocabulario monetario 21
Fijar tu primer objetivo monetario 24
Test: ¿Cómo gestionas el dinero? 28
Pregunta a las expertas 30

Capítulo 2:
Ganar dinero **32**

Maneras de ganar dinero 32
Cómo puedes cobrar 37
Poner en marcha tu propio negocio 40
Tu propio plan de negocios 45
Test: ¿Qué tipo de negocio deberías poner en marcha? 48
Pregunta a las expertas 51

Capítulo 3:
Gastar dinero 54

¿En qué te gusta gastar el dinero?..55
Por qué las cosas cuestan lo que cuestan...57
Maneras de pagar las cosas..60
Cómo plantearse un crédito a medida que te haces mayor......................62
Por qué necesitas un presupuesto..67
Test de presupuesto: ¿Adónde van estos gastos?.......................................73
Pregunta a las expertas...74

Capítulo 4:
Ahorrar dinero 76

Por qué es importante ahorrar..76
Maneras de ahorrar dinero..81
Cómo encontrar la cuenta bancaria perfecta para ti..................................81
Ahorrar para objetivos a largo plazo...84
Empareja los ahorros: ¿Qué cuenta deberías utilizar?...............................87
Ahorrar es un hábito...88
Pregunta a las expertas...90

Capítulo 5:
Invertir dinero 92

Principios básicos del mercado de valores...92
Riesgo vs. recompensa...95
Test: ¿Eres atrevida con el riesgo?..101
No te lo juegues todo a una carta..103

Invertir a largo plazo..104
Pregunta a las expertas...109

Capítulo 6:
A medida que te haces mayor 111

Proteger tu dinero...115
Tu futuro sueldo..118
Cuánto cuesta tu vida soñada..126
Pregunta a las expertas...127

Recursos 130
Índice 132
Conoce a las creadoras 136
Conoce a las expertas 138
Más de Rebel Girls 140
Sobre Rebel Girls 144

MONEDA	SÍMBOLO	CONVERSIÓN 1 EURO	CONVERSIÓN 1 DÓLAR	CÓDIGO
Peso mexicano	$	21,87	20,74	MXN
Peso colombiano	$	4653	4412	COP
Peso chileno	$	1030	977	CLP
Peso uruguayo	$U	45,18	42,84	UYU
Sol peruano	S/.	3,97	3,77	PEN
Colón costarricense	₡	538	510	CRC
Dólar americano	$	1,05	1	USD
Euro	€	1	0,95	EUR

Estos son ejemplos de tipos de cambio de esas monedas, pero si quieres saber la conversión exacta tendrás que consultar la cifra, ya que su valor cambia a diario.

PRÓLOGO

Querida rebelde:

Recuerdo que, cuando era mucho más joven, una de las cosas que más me gustaba hacer era ahorrar mi paga o mesada y luego pasarme un montón de tiempo decidiendo en qué quería gastarla, en una tiendita que había a la vuelta de la esquina... ¡Me la gastaba casi toda en ositos Beanie Babies y en cartas de Pokémon! Esa fue mi primera experiencia en gastar y ahorrar. Puede que quieras hacer algo muy parecido con tu paga, así sabrás lo bien que se siente una al comprar algo especial para lo que ha esperado y ahorrado.

    El dinero es una de las cosas que tienden a volverse un poco más complicadas a medida que nos hacemos mayores. A veces puede ser un poco confuso e incluso nos puede dar algo de miedo hacernos cargo de él y tener que pensar en pagar cosas como las facturas. Podemos gastar de más y meternos en un pequeño lío con mucha facilidad, que es exactamente lo que me pasó a mí cuando empecé a gestionar mi dinero como adulta. En el colegio, había aprendido un montón de matemáticas, pero no mucho sobre la gestión del dinero, como fijar objetivos, hacer presupuestos, utilizar tarjetas de crédito y otras cosas útiles que te enseñará este libro.

    Por suerte, aunque es mejor aprender cómo funciona el dinero cuanto antes, ¡nunca es tarde para mejorar la manera en que cuidas de él! Mientras arreglaba algunos de mis problemas monetarios, empecé una especie de diario en línea para llevar un registro de todo. Resultó que había un montón de gente que seguía mi trayectoria y que también quería aprender más sobre finanzas. Me formé como asesora financiera, y ahora parte de mi trabajo consiste en ayudar a la gente a entender cómo funciona el dinero y a que tomen mejores decisiones financieras.

    Puede resultar difícil hablar de dinero porque es una de esas cosas de las que a veces a la gente le da vergüenza o le incomoda hablar, ya sea porque crean que no tienen suficiente o porque piensen que tienen demasiado. Eso significa que podemos sentirnos solas con facilidad. Puede que tengamos miedo a pedir ayuda si hemos cometido un error, o a pedir un aumento de sueldo en el trabajo. Pero cuanto más sepas, más fácil te resultarán estas tareas. Esto es especialmente importante para las niñas y las mujeres porque a veces la gente tiene esas ideas anticuadas de que a nosotras se nos dan mal las finanzas y de que gastamos el dinero en tonterías. Este libro te va a enseñar que eso no es verdad y que se te puede dar muy bien gestionar el dinero.

    Estoy muy contenta de que exista este libro y de que lo estés leyendo. Ojalá yo hubiera tenido uno igual cuando era más joven. Me habría ayudado a no cometer algunos errores, y me habría dado más confianza en mí misma a la hora de tomar buenas decisiones financieras.

    El dinero es algo importante para construir una vida que te haga feliz, sea cual sea el trabajo que quieras tener o el futuro que hayas planificado para ti. No es lo más importante del mundo, y en sí mismo no da la felicidad, pero te proporciona poder y oportunidades, y todas las chicas nos los merecemos.

    Hay predicciones que dicen que en un futuro muy próximo la mayoría de la riqueza —en otras palabras, el dinero— será controlada por las mujeres. ¡Enseñémosles que estamos preparadas para hacerlo!

Clare Seal, creadora de My Frugal Year

INTRODUCCIÓN

¡Bienvenida, rebelde, al mundo del dinero! Las finanzas personales (el término más elegante para decir «tu dinero») son un asunto muy importante, y me alegro mucho de que estés aquí. Soy Asesora Financiera Certificada (básicamente una doctora del dinero), y he escrito dos libros sobre finanzas para adultos. El dinero es el tema sobre el que más me gusta enseñar a los demás.

Hay muy pocas cosas en la vida que estén presentes todos los días, y una de ellas es el dinero. Si lo piensas bien, mueve un número incontable de cosas de nuestro día a día. Nos permite salir a comer fuera de casa o ir al cine con amigas, visitar algún sitio especial y ayudar a otros miembros de nuestra comunidad. Y cuando acabamos nuestras aventuras, ¡incluso nos permite comprar dentífrico para que podamos lavarnos los dientes!

El quid de la cuestión con el dinero es este: no hay que venerarlo, pero tampoco ignorarlo. Da igual el dinero que tengas, entender a la perfección su funcionamiento puede ser un salvavidas —e incluso un superpoder— a medida que creces. Con este libro, quiero que pienses en el dinero como un recurso que te permita vivir tus sueños. Me emociona poder enseñarte algunos de mis mejores trucos para que al acabar esta lectura entiendas perfectamente cómo funciona y cómo hacer que te beneficie. Una de las mejores cosas que una rebelde puede hacer por sí misma es tener el control de su dinero. Contrólalo ahora para poder perseguir tus sueños más grandes con confianza.

Empieces desde donde empieces hoy, estás en el punto adecuado. Todas podemos aprender a manejar mejor nuestro dinero. En este libro, repasaré conceptos básicos, como gastar, ahorrar e invertir. Además, vamos a desvelar cómo funciona el dinero para que puedas entender lo esencial. A veces puede parecer intimidante, pero no te preocupes: trabajaremos juntas. Como me encanta decir siempre: ¡no son más que matemáticas!

Cualquier conversación sobre finanzas personales empieza con el dinero que ya tienes. Tal vez tu familia te dé algo por ayudar con las tareas de la casa, como hacer la cama o lavar los platos. Tal vez tienes un pequeño negocio (como mi hija Toby, que vende pulseras de colores). O quizá eres un poco más mayor y tienes tu primer trabajo, como niñera o repartiendo periódicos. A lo mejor guardas tu dinero en una hucha o ya tienes una cuenta bancaria que un adulto de confianza te ha ayudado a abrir. Ganes el dinero como lo ganes y lo guardes donde lo guardes, este es el momento de que aprendas a cuidarlo.

Y lo más importante, te enseñaré a manejar tu dinero para multiplicarlo... incluso mientras duermes. Es una de las cosas geniales del dinero.

Me emociona mucho que estés aquí. Vamos a divertirnos un montón aprendiendo sobre euros y céntimos. ¡A por ello!

Alexa von Tobel

CAPÍTULO 1
CONCEPTOS BÁSICOS DEL DINERO

Bien, vamos a empezar pensando en tus sentimientos actuales hacia el dinero. Tal vez te emocione, te aburra o simplemente te resulte confuso. Muchas investigaciones demuestran que lo que piensas ahora sobre el dinero tendrá una gran influencia en lo que pensarás de él cuando seas adulta. Así que mientras seas joven, quiero que tu relación con el dinero sea fuerte, sana y feliz.

Da igual lo que sientas ahora mismo o en el futuro, lo importante es recordar que el dinero no es más que un recurso. El dinero te puede ayudar a conseguir tanto lo que **necesitas** (comida, agua o un techo que te cobije) como lo que **quieres** (un juguete, un vestido nuevo o unas vacaciones divertidas).

Así que esto es lo que quiero que hagas hoy: empieza por crear asociaciones sanas con el dinero. Comienza a pensar en él como un instrumento que te ayuda a vivir la vida que quieres. Si te esfuerzas, puedes ganarlo. Y si piensas bien en cómo gestionarlo, puedes estar segura de que siempre tendrás suficiente.

Quiero que adoptes estos mantras del dinero y los repitas después de mí:

El dinero es algo que puedo gestionar.

El dinero es un instrumento que me ayuda a vivir la vida.

Seré fuerte y reflexiva con mi dinero.

QUÉ PODEMOS APRENDER DE LOS ADULTOS SOBRE EL DINERO

La mayoría de nosotras aprendemos cosas sobre el dinero en casa, gracias a nuestra familia. En un mundo perfecto, todas tendríamos personas adultas en nuestra vida que fueran buenas gestionando el dinero y que nos enseñarían los conceptos básicos. Sin embargo, a veces, ellos mismos están intentando averiguar cómo hacerlo. Si no dispones de nadie en tu familia que sea un experto en finanzas, no pasa absolutamente nada. Para eso estoy yo aquí.

VOCES REBELDES

«Solo puedes tener éxito de verdad en algo que amas. Que tu objetivo no sea ganar dinero. En vez de eso, persigue aquello que te encanta hacer, y luego hazlo tan bien que la gente no pueda dejar de mirarte».
Maya Angelou, escritora

La importancia del trabajo

Una de las mejores lecciones que podemos aprender de los adultos que hay en nuestra vida es la importancia del trabajo. El trabajo nos ayuda a pagar las facturas y nos da para vivir. Si cuentas con un adulto que trabaja fuera de casa, a veces cuando se va a trabajar, puede darte la sensación de que no es algo precisamente divertido. Pero a mí me gusta pensar en el trabajo de un modo distinto.

Si tienes suerte, es un lugar donde pasas el tiempo haciendo algo que se te da muy bien. Piénsalo: ¿qué es lo que se te da muy bien? Tal vez sea hacer nuevos amigos o la escritura creativa o resolver complicadas ecuaciones matemáticas. Todas esas son habilidades que puedes poner en práctica en un trabajo... ¡y que encima te paguen por ello!

Una de las cosas que más me gustan es hacer rompecabezas. Cuando voy a trabajar, les digo a mis hijos: «Sabéis que a mamá le gusta mucho hacer rompecabezas, ¿verdad? Pues voy al trabajo a hacer rompecabezas. Los rompecabezas con los que trabajo son supergrandes y supercomplicados, y en ellos intervienen personas y estrategias».

Así que cuando veas a los adultos de tu vida salir a trabajar, quiero que seas consciente del esfuerzo que están realizando para ganar el sustento para tu familia. Y recuerda, los adultos que trabajan pueden ser de todo tipo. Puede que un miembro de tu familia trabaje desde casa o que uno de ellos esté buscando un trabajo nuevo. Hay muchas maneras de ganar y de gestionar el dinero. ¡Pronto hablaremos de ello!

Qué dice tu familia

Lo sepan o no, los adultos de tu vida también te están enseñando cómo sentirte respecto al dinero. Si siempre actúan de una cierta manera cuando se trata de gastar o ahorrar, te apuesto a que algo de eso se te pegará.

Puede que ya sepas cómo se sienten al respecto. ¿Se molestan o se estresan cuando les pides que te compren algo? ¿Te piden tu opinión al comprar cosas para ti, o hacen lo que ellos quieren? ¿Tienes que ayudarles en alguna ocasión con el dinero? Se sientan como se sientan, probablemente afecte a cómo tú te sientes, aunque ni siquiera te hayas parado a pensar en ello.

Es fácil desconectar cuando los adultos se ponen a hablar de las finanzas, pero los de tu familia pueden enseñarte muchas cosas sobre el dinero simplemente con lo que dicen. Si aún no lo haces, empieza a prestar atención cuando surjan estas conversaciones y pregúntales cualquier cosa que no entiendas.

Imagina

Se han acabado las clases y empiezan las vacaciones de verano, y Toby está deseando que lleguen las vacaciones familiares anuales. Siempre celebran la primera semana de verano con un viaje a su playa favorita de Devon. Pese a que el viaje para llegar allí es un poco pesado, está deseando nadar, jugar en el muelle y subirse a la noria.

Aunque las vacaciones de este año tienen un añadido especial: Toby se ha enterado de que Rosey, una de sus mejores amigas de la escuela, estará al mismo tiempo en esa playa con su familia.

El primer día de vacaciones planearon verse delante de la heladería favorita de Toby (era fácil de encontrar porque tenía una señal luminosa gigante con un cono de helado delante de la puerta). Les dejaron dar una vuelta a solas durante unas horas a condición de que no salieran del muelle.

Se lo estaban pasando muy bien hasta que decidieron ir de compras. Se probaron ropa juntas, y Rosey escogió una camiseta nueva y unos pendientes que quería. ¡Le costaron casi 40 €! Toby solo llevaba 10 € para gastar en todo el día; un dinero que le habían regalado por su cumpleaños y que había sacado de la hucha. Sin embargo, Rosey llevaba la cartera llena de efectivo que le había dado su madre esa misma mañana.

Toby se sintió un poco celosa. Ojalá su madre le dejara comprarse lo que quisiera. Antes de desilusionarse demasiado, recordó lo que decía siempre su madre: no se trata de tener mucho, sino de amar lo que tienes.

Tal vez no pudiera tener todo lo que quisiera, pero decidió comprarse un bolso que sí podía pagar. Aunque no era tan caro como las cosas de Rosey, seguía siendo un recuerdo del tiempo que había pasado en su lugar favorito con una de sus mejores amigas... ¡y eso no tenía precio!

Cómo hablar de dinero con los adultos

Hay un instrumento importante que quiero que tengas en tu caja de herramientas: hablar de dinero sin tapujos. No todo el mundo se atreve a tener conversaciones sobre dinero, pero ser capaz de hablar de ello con las personas de tu vida supone una ventaja inmensa.

Esto es cierto por varias razones. La primera es que hablando de dinero con otras personas puedes recibir consejos y trucos que tú misma puedes empezar a seguir. También te ayuda a confirmar que estás en el mismo punto que los demás con respecto al dinero. Si tus amigas y tú salís a comprar ropa para un baile del colegio, tener una conversación sobre cuánto quiere gastarse cada una puede ayudaros a elegir una tienda y así estar seguras de que ninguna se sienta excluida. Si pones en marcha un negocio con una amiga, puede que compartas el dinero que ganas y que gastas, en cuyo caso es superimportante tener conversaciones sinceras. Y cuando crezcas, puede que decidas casarte y compartir las finanzas con tu pareja.

Es el momento de tener una charla sobre dinero. ¿Tienes una cuenta de ahorros?

Esta es tu tarea para hoy: **pregúntale a tus adultos si te han abierto una cuenta de ahorros**. Puede que ya tengas una hucha o alcancía en tu habitación, y es un buen punto de partida. El siguiente paso es una cuenta de ahorros en un banco. Hasta que tengas dieciocho años, necesitarás que te la abra un adulto, por eso es importante hablar de ello.

Una cuenta de ahorros es un lugar inteligente donde poner el dinero que tengas, ya sea del Ratoncito Pérez, de tu paga semanal o de algún trabajo que hayas hecho. Meter tu dinero en una cuenta de ahorros es un hábito inteligente que te sugiero empezar a desarrollar desde pequeña. ¿Por qué? Porque cuando metes tu dinero en una cuenta de ahorros, ese dinero crece solo, incluso mientras duermes; más adelante te lo explico. Seguro que querrás que tu dinero trabaje para ti mientras duermes. ¡Yo desde luego que sí!

Si te enteras de que ya tienes una cuenta de ahorros a tu nombre, pídele a quien te la abrió que te explique cómo funciona. Puedes empezar haciendo preguntas como estas: «¿En qué banco está mi cuenta?» o «¿Cómo meto dinero en mi cuenta?» o «¿Cuánto dinero tengo ya en mi cuenta?».

Si no la tienes aún, puedes preguntarles a tus adultos si están dispuestos a abrirla. Una cuenta bancaria es un compromiso, y cada familia tiene una idea distinta de cuándo es el mejor momento para abrirla. Si están dispuestos a hacerlo, es algo que podéis hacer juntos fácilmente, en persona o por internet.

¡Feliz ahorro!

Si no estás segura de cómo empezar a hablar de dinero con tu familia, aquí te dejo dos estupendas maneras de hacerlo:

1. **Haz una pregunta.** Vemos que los adultos utilizan el dinero y toman decisiones monetarias todo el tiempo. Tal vez has visto que usan el teléfono para pagar un café o quizá te has dado cuenta de que van a una gasolinera concreta y que comprueban bien los precios. Cuando tienes curiosidad sobre el funcionamiento de algo, empieza por preguntar. Si tu pregunta los deja mudos, es una buena ocasión para que os sentéis y busquéis juntos la respuesta. Si quieres continuar la conversación, aquí tienes algunas ideas sobre qué preguntar:
    * ¿Recuerdas cuándo fue la primera vez que ganaste dinero? ¿En qué lo gastaste?
    * Si tuvieras todo el dinero del mundo, dime en qué cosa concreta te lo gastarías.
    * ¿Qué es lo más importante en lo que se gasta el dinero nuestra familia?
    * ¿Cómo ganas y cómo ahorras dinero?
    * ¿Qué consejo te habría gustado que te hubieran dado sobre el dinero cuando tenías mi edad?

2. **Utiliza este libro.** Puede que un adulto te regale este libro porque quiera que aprendas cosas sobre el dinero, o puede que lo hayas elegido tú en la escuela o en la biblioteca. Espero que lo uses como una razón para hablar de dinero en la vida real. Empieza con algo tipo «He leído *El dinero importa*, y he aprendido sobre cómo ahorrar para un gran objetivo monetario. Si quisiera empezar, ¿cómo podría hacerlo? ¿Me ayudarías?».

TU VOCABULARIO MONETARIO

Si le preguntas a alguien, joven o mayor, qué es lo más difícil del dinero, casi todos te dirán que el lenguaje puede ser muy confuso. Hay un montón de palabras complicadas, y a la gente le da miedo preguntar qué significan. Por eso quiero empezar por proporcionaros a todas y cada una de las rebeldes un vocabulario básico para que podáis hablar el lenguaje del dinero. Vamos a hablar claro y sencillo. Entraremos más en detalle durante el libro, pero aquí tienes algunos términos útiles que conviene conocer:

* **Cuenta corriente.** Es el tipo de cuenta bancaria que se usa para el dinero del día a día. Es fácil ingresarlo y sacarlo. Piensa en ella como un hogar a corto plazo para tu dinero.

✳ **Cuenta de ahorros.** Es el tipo de cuenta más importante para ti ahora mismo. Una cuenta de ahorros es un lugar seguro para guardar tu dinero y en el que generará intereses. El interés significa que ¡el banco te paga por tener tu dinero allí! En 2023, la tasa de ahorro anual para una cuenta de ahorros de interés alto es aproximadamente del 5 por ciento. Eso significa que si hoy tienes ahorrados 10 €, dentro de un año, crecerían hasta 10,50 €. Ganarías 50 céntimos de intereses solo porque metiste tu dinero allí.

✳ **Invertir.** Es usar tu dinero para comprar acciones en el mercado de valores. Pongamos que te encantan tus deportivas Nike o que eres seguidora de Disney. Puedes comprar una pequeña participación de esas grandes empresas, porque crees que les va a ir bien y van a ganar mucho dinero. El mercado de valores es un lugar más arriesgado en el que poner tu dinero porque puede subir o bajar. En otras palabras, puedes multiplicarlo, pero también perderlo. En general, deberías pensar en colocar allí tu dinero durante periodos de tiempo largos. De esa manera, es más probable que puedas compensar cualquier pérdida. Eso es lo que hacen los mejores inversores.

✳ **Tarjetas de crédito.** Seguro que ya has visto a tus adultos usarlas (o incluso tienen una tarjeta de crédito enlazada al móvil y lo acercan a una máquina para pagar la cuenta). Las tarjetas de crédito son unos rectángulos de plástico que te permiten pagar. Parece magia, pero cuando deslizas una tarjeta o la acercas a un terminal, le estás pidiendo al banco un dinero prestado que luego le tendrás que devolver. Son maravillosas si puedes devolver el dinero cada mes, pero si gastas demasiado, con el tiempo puede salirte muy caro.

✳ **Interés compuesto.** Puede que sea uno de mis conceptos monetarios favoritos. ¿Te acuerdas de que te he contado que en una cuenta de ahorros el banco te paga por dejar allí tu dinero? Te pagan un porcentaje dependiendo de la cantidad que tengas allí guardada. Cada vez que te pagan, miran cuánto tienes en la cuenta. Así que, con el tiempo, te pagan intereses no solo por el dinero que metiste en el banco al principio, sino también por la cantidad total que has ido acumulando. Hay una cita estupenda que quiero que memorices: «El interés compuesto no es magia: ¡no son más que matemáticas!». Cuanto más tiempo dejes que trabaje tu dinero para ti, más tendrás. Imaginemos que cada año ingresas 100 € en tu cuenta de ahorros y que crece a un 5 por ciento de interés. En cincuenta años, con un interés compuesto, tendrás ¡5 793 €!

FIJAR TU PRIMER OBJETIVO MONETARIO

Todas tenemos metas importantes en nuestra vida que nos motivan: algunas son a corto plazo (como ganar una competición de gimnasia) y otras a largo plazo (como ser médica). Para alcanzar muchas de nuestras metas necesitamos dinero. Vas a aprender a fijar tus objetivos monetarios, para que así siempre tengas una imagen clara de adónde puede ir ese dinero para enriquecer tu vida.

Paso 1: Decide para qué ahorras

¿Hay algo que quieras con todas tus ganas, pero que ahora mismo no puedas permitirte? Tal vez le has echado el ojo a una camiseta graciosa o a un nuevo juego que sale dentro de pocas semanas. Son perfectos para establecer un objetivo monetario. Apartar dinero hoy para algo que disfrutarás en el futuro es lo que llamamos «gratificación aplazada». La espera puede ser dura, pero el resultado final es emocionante.

Lo que cuestan las cosas

Plátano	Manzana	Entrada de cine	Corte de pelo	Deportivas Nike
$0,27	$1,49	$12	$40	$75

Paso 2: Aprende lo que cuestan las cosas

Un paso superimportante para establecer objetivos monetarios es saber lo que cuestan las cosas. Empieza a prestar atención a esto cuando salgas a la calle. ¿Cuánto costaron esos pancakes del desayuno con tu abuela? Cuando compraste material escolar nuevo, ¿cuánto te gastaste? Cuanto más sepas lo que cuestan las cosas, mejor entenderás cómo funciona el mundo del dinero. De ese modo, si estás ahorrando para un artículo en concreto, sabrás no solo lo que cuesta, sino también lo que necesitarías recortar para poder ahorrar esa cantidad.

Depósito de gasolina del coche	Estancia de una noche de hotel	Ordenador MacBook	Matrícula anual de la universidad	Coche VW Golf
$57,67	$148,83	$1 299	$36 436	$26 420

Paso 3:
Comprométete a empezar a ahorrar

Este es un buen momento para sentarte a hablar con tus adultos cercanos y fijarte una meta monetaria que quieras alcanzar en los próximos meses o a finales de año. Puede ser tan sencilla como «Quiero ahorrar $50 para cuando llegue mi cumpleaños», o tan concreta como «Quiero ahorrar $32 para comprarme un collar que me encanta».

Siempre que recibas dinero por algo, quiero que empieces a meter una buena parte (si no todo) en tu cuenta de ahorros. No te preocupes: también te daré un montón de ideas para que puedas ganar un dinero extra y así conseguir tus objetivos aún más rápido.

VOCES REBELDES

«Ahorré para comprar los regalos de Navidad para mi familia. Eran de un bazar de todo a un dólar, pero me alegró poder hacerlo con mi dinero».
Kara, nueve años, Pensilvania (EE. UU.)

La sensación de ponerse un objetivo con el dinero y conseguirlo es GENIAL. Te prometo que te vas a sentir superorgullosa de ti misma a medida que aprendas a cumplir tus objetivos. ¡Y yo también me sentiré orgullosa de ti!

¿Cuál es tu primer recuerdo con el dinero?

El dinero puede suscitar muchas emociones. Haz memoria: ¿cuál es el primer recuerdo monetario que se te quedó grabado?

A mí me viene a la memoria un recuerdo feliz. Cuando era más joven, trabajaba todos los veranos en el despacho de mis padres. Mi padre era médico, así que me dejaba que hiciera algunas pequeñas tareas en el despacho, y me ganaba algo de dinero. Al final de uno de los veranos, mi padre me enseñó un extracto de mi cuenta bancaria. Recuerdo que pensé «Guau, tengo miles de dólares ahorrados... ¡Qué genial!».

Mi padre me dijo: «A medida que crezcas, este dinero también va a crecer cada vez más y más, y un día te ayudará a pagar la universidad». Desde ese día, cada vez que me daban la paga, o dinero por mi cumpleaños o ganaba algo trabajando, lo metía en mi cuenta de ahorros.

Cuando cumplí los dieciocho y fui a la universidad, me sentí orgullosa de poder destinar a eso todo el dinero que tanto esfuerzo me había costado ahorrar.

¿Cómo gestionas el dinero?

1. **Vas a tu heladería favorita a celebrar el final de curso.**

   A. Compras copas de helados para ti y para tres amigas. ¡Es una ocasión especial!
   B. Te pides un cono pequeño y el dinero que te sobra va directo a la hucha.
   C. Disfrutas a gusto tu helado sin preguntarte quién lo ha pagado o cuánto ha costado.
   D. No te sabe tan bien el helado cuando te das cuenta de que tu compañera de clase pidió un cono el doble de grande que el tuyo.

2. **Tu abuelo te envía un cheque de $25 por tu cumpleaños.**

   A. ¡Rin, rin! Te vas enseguida a las tiendas y te compras unos zapatos nuevos a los que les tenías echado el ojo.
   B. Les pides a tus padres que te ayuden a ingresarlo en tu cuenta de ahorros para que estén bien resguardados.
   C. En el momento te emocionas, pero, ahora que lo piensas, no estás segura de dónde has puesto el cheque…
   D. Te sientes decepcionada porque a tu mejor amiga sus abuelos le regalaron un iPad nuevo por su cumpleaños.

3. **Te mueres por ir al cine a ver la secuela de tu película favorita, y cuesta $12 la entrada y $6 las palomitas.**

   A. Vas el día del estreno. ¡No te lo perderías por nada del mundo!
   B. Vas a una sesión matinal donde las entradas son un poquito más baratas.
   C. Les pides a tus padres que te lleven, pero no estás segura de cuánto se acaban gastando.
   D. Solo tienes $10 para gastar, pero todas tus amigas van, así que sacas dinero de tu hucha para poder pagarlo.

4. **Acaban de salir a la venta unos auriculares geniales y dos de tus mejores amigas de la escuela los llevan desde el día en que salieron.**

   A. También te los compras, por supuesto. Han salido caros, ¡pero los necesitabas!
   B. Decides quedarte con los que tienes ahora. Están un poco desgastados, pero funcionan perfectamente.

C. Sabes que tu familia dirá que son demasiado caros, así que no les pides unos nuevos.
D. No quieres ser la única que no los tenga, así que tomas todo lo que has ganado trabajando de niñera y te vas a la tienda a comprártelos.

5. Estás en los recreativos y tu tía te da $10 para que te los gastes jugando.

A. Cambias enseguida los $10 por fichas, las gastas rápidamente y tomas $5 de tu dinero para jugar más (¡y alcanzar tu récord en una de las máquinas!).
B. Te gastas $5 jugando, pero te guardas el resto de las fichas en la cartera, para la próxima vez que vengas a los recreativos.
C. ¡Oh no! Ni siquiera encuentras el billete de $10 que te ha dado. Se te debe haber caído cuando ibas hacia la máquina del Pac-Man.
D. Te entusiasma jugar en los recreativos, pero estás un poco desanimada porque tu prima ha ganado dinero con su trabajo de verano y tiene muchas más fichas que tú.

Respuestas

MAYORÍA de A
Derrochadora. No lo piensas dos veces y disfrutas de lo que puedes conseguir con el dinero. Sí, el dinero nos ayuda a alcanzar lo que queremos enseguida, pero no olvides que reservarlo para placeres futuros también es una jugada inteligente.

MAYORÍA de B
Superahorradora. Estás muy centrada en tus objetivos de ahorro, así que apartas todo el dinero que puedes. Asegúrate de que mientras fortaleces el músculo del ahorro, encuentras la manera de disfrutar del momento.

MAYORÍA de C
Evitadora. ¿Has visto alguna vez a un avestruz meter la cabeza en la arena? Así es como describo a los que evitan el dinero; puede que te estrese o te supere el tema, así que tiendes a ignorarlo por completo. Pero aquí estás, leyendo esto, así que es el momento de hacerte fuerte y ganar confianza.

MAYORÍA de D
Comparadora. Compararse con los demás es natural. Sin embargo, siempre habrá alguien que tenga más que tú, así que intentar estar a la altura o sentirse mal con una misma cuando alguien tiene hábitos de gasto distintos a los nuestros en una trampa peligrosa. Tómate un momento para pensar en todas las cosas que tienes y por las que te sientes agradecida.

PREGUNTA A LAS EXPERTAS

En lo que respecta al dinero, a veces incluso las cosas más esenciales pueden resultar abrumadoras. ¡No te preocupes! Les hemos enviado algunas de las preguntas de nuestras lectoras a dos expertas monetarias: Gina Díez Barroso y Penny Pritzker. Gina es empresaria y filántropa, y Penny es emprendedora en serie y trabajó como secretaria de Comercio de EE. UU. de 2013 a 2017.

> Hay un montón de palabras que usan los adultos sobre el dinero que son muy complicadas. No entiendo qué significan «ingresos» o «economía».
> Jane, ocho años (Reino Unido)

Gran parte de entender cómo funciona el dinero se reduce a entender las palabras que utiliza la gente. Piensa en «ingresos» como el dinero que ganan las personas, igual que cuando tú ganas algo de dinero por hacer las tareas de la casa. «Economía» es una palabra importante y tiene que ver con cómo funcionan juntos en un lugar —por ejemplo, un país— el dinero, los empleos y las cosas que compran y venden las personas. Es como una gran comunidad en la que todos comparten, compran y venden cosas.

Gina Díez Barroso

> ¿Por qué no imprimen más dinero y ya?
> Mila, once años, California (EE. UU.)

¡Esa es una buena pregunta! Las distintas organizaciones gubernamentales dedican mucho tiempo a pensar cuánto dinero necesita nuestra economía para funcionar. La respuesta corta es que tenemos que proteger el valor de la moneda. Si hay más dinero circulando, con el tiempo puede perder valor. Cuando la moneda vale menos, de repente los precios de los productos esenciales —como el alquiler o un cartón de leche— pueden subir y subir.

Penny Pritzker

CAPÍTULO 2

GANAR DINERO

Estoy entusiasmada por poder enseñarte las distintas maneras en las que puedes ganar dinero. ¿Por qué? Eres joven, lista y capaz. Quiero que hoy mismo sientas que estás preparada... y que adquieras los conocimientos para ganarlo durante toda la vida. ¡Vamos a ello!

MANERAS DE GANAR DINERO

Muchos adultos ganan dinero vendiendo bienes y servicios. Los bienes son cosas físicas, como camisetas o libros, y los servicios son actividades o habilidades, como impartir clases o arreglar una llave que gotea. A tu edad, hay otras maneras de ganar dinero. Aquí tienes unas cuantas que puede que te resulten conocidas.

La paga semanal

Algunas familias dan una **paga semanal** por hacer ciertas tareas en casa, como sacar la basura, guardar la vajilla o hacer la cama.
Si no sueles tener paga, plantéate hablar de ello con tus padres. Empieza por preguntarles: «¿Hay algo que pueda hacer en casa para ganar un poco de dinero?».

Aparte de tus tareas habituales, puedes preguntarle a tu familia si hay otras que puedas hacer en casa con las que sacarte un dinero extra. Puede que haya alguna actividad que te encantaría hacer y por la que estarían dispuestos a pagarte, como deshierbar el jardín u organizar un armario que está hecho un desastre. No todas las familias pueden o quieren dar una paga, pero no te preocupes. Explicaré algunas maneras de ganar dinero fuera de casa, así que estate atenta.

Regalos

Otra manera de recibir dinero es que te lo **regalen**. Puede que haya algún miembro de tu familia que te envíe dinero todos los años por tu cumple. Si se acerca una ocasión especial en la que puede que recibas regalos, puedes pedir que sea dinero en vez de un regalo físico. Dile a la persona a la que se lo pides que estás ahorrando para conseguir un objetivo. (Recuerda, ¡cuando ahorras dinero, este crece!).

Poner en marcha un negocio

Por último, pero no menos importante, hay maneras muy creativas de ganar dinero fuera de casa con **tu propio negocio**. Muchas de nosotras ganamos dinero extra ayudando en nuestra comunidad trabajando de niñeras o haciéndole las tareas de la casa a algún vecino. Cuando crecí un poco, decidí ganarme un dinero extra dando clases particulares. Trabajaba con los chicos más pequeños del barrio que necesitaban ayuda con asignaturas en las que era muy buena, como Matemáticas e Inglés.

Mi hija Toby (que tiene ocho años) empezó un negocio de bisutería llamado Cecilia's, que es el nombre de su abuela. Vende pulseras de colores a $5,

y le cuestan menos de $1 cada una. Las hace en su tiempo libre, y cada vez que vende una, aparta $4 para meterlos en su hucha y ahorrarlos para un gran objetivo. Así que pregúntate: «¿Qué negocio puedo poner en marcha? ¿Soy una emprendedora en ciernes?». Seguro que sí.

Todos estos son ejemplos de actividades que puedes hacer hoy mismo. Y a medida que crezcas, puedes conseguir un empleo fuera de casa con el que ganar un sueldo regular. Puedes trabajar en cualquier sitio, desde un restaurante a una tienda de ropa o un despacho. Tal vez tengas una hermana o un hermano mayor que trabaje y gane dinero así. El salto de estudiar a trabajar puede ser duro, pero el verano es una época estupenda para conseguir tu primer trabajo remunerado y empezar a ahorrar dinero para la universidad o para otros objetivos más ambiciosos.

CÓMO PUEDES COBRAR

La sensación de ganar dinero es gratificante. Es importante señalar que el dinero tiene distintos formatos, y dependiendo de la manera en la que te paguen, tendrás que dar diferentes pasos para utilizar o ahorrar lo ganado.

Efectivo

Cómo funciona
El efectivo de toda la vida tiene forma de billetes y de monedas. Por ejemplo, al acabar un trabajo de niñera te pueden pagar con un billete de $20.

Cómo ahorrarlo
Puedes meterlo físicamente en una hucha, o ir al banco e ingresarlo en tu cuenta corriente o de ahorros.

Cuidado
Si extravías la cartera o te dejas la mochila abierta y se te cae, ¡puede que lo pierdas para siempre! A veces un buen samaritano te lo devolverá, pero no siempre sabrán si es tuya si se la encuentran tirada en la calle. Por eso es importante que protejas el efectivo que tengas, ya sea guardándolo en casa en un lugar seguro o ingresándolo en el banco.

Cheque

Cómo funciona

Un cheque es un pedazo de papel que representa una cantidad de dinero. El cheque está relacionado con una cuenta bancaria, así que es como decir que una cierta cantidad de dinero que está en la cuenta bancaria de alguien ahora es tuya. Actualmente, los cheques ya no se usan mucho, pero puede que te los encuentres, sobre todo como regalo de tus familiares más mayores.

Cómo ahorrarlo

Es importante depositar los cheques en cuanto los recibas. Puedes ingresarlos en tu cuenta bancaria y dejar el dinero allí, o bien retirarlo como efectivo. Puedes depositar el cheque en persona en un banco, a través de un cajero automático, o incluso haciéndole una foto con el móvil o celular a través de la app de tu banco.

Cuidado

Si pierdes el cheque, puede ser un dolor de cabeza. Tendrás que pedirle a la persona que te lo dio que te vuelva a hacer otro.

Tarjeta regalo

Cómo funciona

Las tarjetas regalo tienen diferentes formas, pero la mayoría son unas tarjetitas de plástico que parecen tarjetas de crédito. A menudo son para una tienda concreta (como Zara o La Casa del Libro). A veces se pueden utilizar en cualquier sitio, como si fueran efectivo.

Cómo ahorrarlo

No hay una manera fácil de «ahorrar» el dinero de una tarjeta regalo, pero vienen genial para usarlas en algo especial. A lo mejor has estado ahorrando para algo y puedes usarla para que te ayude a conseguir tu objetivo más rápido.

Cuidado

Uno de los mayores problemas con las tarjetas regalo es que a la gente se les olvida utilizarlas. Aquí te dejo un dato increíble: en todo el Reino Unido, la gente tiene en casa millones sin usar, que acabarán caducando, ¡y todo ese dinero se perderá! Cuando te den una tarjeta regalo, intenta utilizarla lo más rápido posible para que no se te olvide.

Apps de dinero

Cómo funciona

Hay algunas aplicaciones geniales en el móvil, como PayPal, que permiten a las personas enviarse dinero.

Cómo ahorrarlo

Por lo general, las apps de dinero están relacionadas con tu cuenta bancaria, así que puedes meter el dinero directamente en tu cuenta de ahorros digitalmente, sin tener que ir a ningún sitio.

Cuidado

Las apps de dinero disponen de normas distintas sobre la edad que has de tener para poder abrir una cuenta, pero por lo general te piden que tengas dieciocho años.

PONER EN MARCHA TU PROPIO NEGOCIO

Soy una emprendedora de la cabeza a los pies. Fundé una empresa llamada Inspired que invierte en start-ups, que son empresas nuevas que acaban de despegar. Soy alguien que toma una idea y la convierte en un negocio real que gana dinero. Hay muchos ejemplos inspiradores de gente que ha empezado desde cero y ha construido algo realmente especial, como Hamdi Ulukaya, que fundó la gigantesca empresa de yogures Chobani. O Sara Blakely, que inventó un nuevo tipo de prenda moldeadora para mujeres e hizo que el valor de su empresa subiera casi hasta los 1 000 millones de dólares.

Si decides empezar tu negocio, serás tu propia jefa. Solo hace falta un poco de ingenio —o, por decirlo de otra manera,

VOCES REBELDES

«Puede que a la gente no le guste siempre tu idea, y tienes que ponerte manos a la obra para que lo haga, y dedicarle tiempo y esfuerzo. Así es como llegarás lejos».
Riya Karumanchi, inventora y emprendedora

de creatividad— y encontrar algo que te apasione de verdad. Siempre le digo a la gente que el mayor secreto de la vida es saber qué es lo que te apasiona y qué se te da muy bien hacer. Si puedes hacer esas dos cosas al principio de tu carrera, te puedo garantizar que vas a tener éxito.

Empecemos por contestar a esas mismas preguntas. Quiero que tomes tu cuaderno favorito o un trozo de papel y una pluma. Ha llegado la hora de hacer dos listas:

Lista 1

¿Qué te gusta hacer? Todos tenemos actividades que disfrutamos. Anota todo aquello que te «encanta» hacer. Aquí te dejo unas cuantas ideas para empezar: confeccionar bisutería, escribir poesía, hacer fotos, la repostería, hacer manualidades, dar clases particulares, cocinar, crear páginas web, resolver acertijos o viajar.

Lista 2

¿En qué eres muy buena? Te conté que mi primer negocio fue dar clases particulares a niños más pequeños en mi barrio. Lo hice porque sacaba buenas calificaciones, y me gustaba ayudar a los demás. Era muy buena desglosando los temas importantes y complicados para que los chicos los entendieran sin problema. ¿Y tú? ¿En qué eres de verdad buena?

Vale, ahora aquí hay que ponerse en plan detective. ¿Hay cosas que estén en **las dos listas**? Busca algo que te apasione y en lo que seas muy buena. Esa es la clave mágica que te puede dar la respuesta a qué negocio deberías poner en marcha. Cuando encuentres eso que se ajuste a las dos, ¡manos a la obra!

Tu idea de negocio no tiene por qué ser complicada, pero debería ser algo que te apasione hacer. Cuando pienses en lo que quieres hacer de mayor, recuerda que es igual de importante saber tanto lo que no te gusta hacer como lo que sí.

> **VOCES REBELDES**
>
> «Me gustaría ser alguien que ayude a los demás pero que también cree cosas».
> Alex, once años,
> Nueva York (EE. UU.)

Imagina

Brennan decidió celebrar la fiesta de su décimo cumpleaños en el zoológico local. Era el lugar perfecto porque siempre le han encantado los animales.

Su padre le dijo que podía elegir algo especial de postre para la fiesta, así que decidió pedirle ayuda a su abuela Bep. Estar en la cocina con ella era uno de los pasatiempos favoritos de Brennan.

Brennan buscó un montón de ideas y escogió cupcakes decorados con sus animales favoritos: jirafas, elefantes y flamencos. El día antes de la fiesta, se pasaron horas en la cocina, dándole a la cobertura colores brillantes y decorándolos.

Cuando llegó la fiesta y fue el momento de repartirlos, todos los amigos de Brennan se quedaron sorprendidos del buen aspecto que tenían. Fueron un exitazo y estaban buenísimos.

Después de la fiesta, la madre de su amiga Lucy le preguntó si estaría dispuesta a hacer cupcakes temáticos de unicornios para la fiesta de cumpleaños de su hija que era la semana siguiente. Le dijo que le pagaría $2,50 por cada uno.

Brennan se había divertido mucho haciendo el postre especial para su cumpleaños y decidió decirle que sí. Si hacía doce cupcakes, tras pagar los ingredientes, calculaba que podría añadir a sus ahorros por lo menos $15.

Y así es como empezó su negocio, Cupcakes by Brennan. Antes de darse cuenta, Brennan (con la ayuda de su abuela) se pasaba casi todos los fines de semana haciendo cupcakes. ¡Se había corrido la voz en su clase y tenía que atender un montón de pedidos!

VOCES REBELDES

«No existe la emprendedora estándar».
Mikaila Ulmer, conservacionista de abejas y emprendedora

Ideas para ganar dinero

Fíjate en la manera en que algunas chicas como tú están iniciando sus negocios:

Muchos padres agradecen que les ayuden a organizar cosas, como los armarios de la cocina y otras zonas de almacenamiento. Así que Ryan, de Nueva York, que es muy organizada, se ofrece a asistir a sus vecinos con la organización por $15 la hora.

Amaya, de California, tiene un negocio de elaboración de velas con formas divertidas. Usa los beneficios para ayudar a los necesitados.

A Aliza, de Nueva York, se le da superbién el ajedrez, así que, en su tiempo libre del fin de semana, se ofrece para jugar con sus vecinos más pequeños y ayudarles a que aprendan. Se gana $12 por hora.

Raffy, de Connecticut, disfruta ayudando, así que da clases particulares a sus amigos. Se siente bien al ayudar a la gente con la tarea y al mismo tiempo gana dinero.

Nicole, de Ecuador, vende un refresco peruano llamado chicha morada. Se elabora con maíz morado y sabe a una mezcla de limonada y té helado.

Reese y su madre elaboraron cordones para mascarillas durante la peor parte de la pandemia de COVID. Crearon una cuenta en Etsy y una página de Facebook, y para publicitarse hicieron fotos de las amigas usándolos. ¡Vendieron 3 200 cordones en un año!

TU PROPIO PLAN DE NEGOCIOS

Con tu idea en mente, es hora de elaborar un plan de negocios. Piensa en ello como un resumen de lo esencial para dirigirlo. Un plan básico incluye:

1. **Tu objetivo.** ¿Qué hace el negocio? ¿Cuál es tu producto o qué ofreces? ¿Quién es tu público objetivo? Es decir, ¿qué personas serán tus clientes?

2. **Las finanzas.** ¿Cuánto te costará crear algo que puedas vender? ¿A qué precio lo venderás?

3. **Tu estrategia.** ¿Cómo lo darás a conocer? ¿Cuál es tu estrategia de ventas?

4. **Situación de la competencia.** ¿Qué otras empresas competirán contigo?

Empecemos con un ejemplo para que vayas entendiendo. Digamos que quieres iniciar un negocio de niñera. Tu plan podría ser así:

Objetivo de la empresa

Nombre	Servicios de niñeras Lane.
Producto o servicio que ofreces	Niñera de tu localidad para cuidar de peques entre cinco y diez años.
Plantilla	¡Solo yo! Si tengo algún problema, mis amigas Adriana, Madeleine y Savannah me podrían cubrir.

Finanzas

Estrategia de precios	$12/hora.
Gastos	$72 por el curso de primeros auxilios para bebés y niños pequeños en la Cruz Roja. $30 para comprar nuevos juegos y actividades para llevar.

Estrategia

Cliente objetivo	Familias que vivan cerca de mi casa para poder ir caminando (y no tener que pedirle a mi padre que me lleve en coche).
Estrategia de venta	Boca a boca (preguntar a las familias con las que he trabajado de niñera si conocen a otras); carteles (dejarlos en el parque infantil para encontrar familias que vivan cerca).

Situación de la competencia

Rivales	Páginas web con montones de niñeras, otras niñeras del barrio.

De acuerdo, ¡te toca! Aquí tienes una plantilla en blanco que puedes copiar en un cuaderno o en una hoja aparte. ¡Ya quiero ver lo que vas a crear!

Objetivo de la empresa

Nombre

Producto o servicio que ofreces

Plantilla

Finanzas

Estrategia de precios

Gastos

Estrategia

Cliente objetivo

Estrategia de venta

Situación de la competencia

Rivales

¿Qué tipo de negocio deberías poner en marcha?

1. Es sábado por la mañana y tienes unas cuantas horas libres. ¿Qué es lo más probable que hagas?

   A. Trabajar en unas nuevas ilustraciones, bloc de dibujo en mano, en un rincón de tu habitación.
   B. Programar un nuevo juego en tu ordenador para jugar.
   C. Cuidar de tus hermanos pequeños mientras tu madre prepara el desayuno.

2. Estás haciendo tu lista de regalos para Navidad. ¿Qué es lo que pones primero?

   A. Un estuche completo de manualidades con lentejuelas y pedrería, con libro de instrucciones incluido, para darle un poco de brillo a todas tus cosas.
   B. Un dron nuevo con una cámara supergenial para aprender a manejarlo y tomar fotos geniales sobre la marcha.
   C. Entradas para ti y tu mejor amiga para ir juntas a ver un musical. ¡El mejor regalo es pasar tiempo con la gente que quieres!

3. Suena el timbre en la escuela; es la hora de la siguiente clase y es tu favorita indiscutible. ¿Adónde te diriges?

   A. Al aula de arte. ¡Vas a aprender a colocar arcilla en un torno de alfarería!
   B. Al aula de informática. Clase de programación, allá vas.
   C. Al aula de estudio. Tus amigas de clase y tú vais a estudiar juntas para el examen de Español de mañana.

4. Si tus amigas tuvieran que describirte con una palabra, dirían que eres:

   A. Creativa.
   B. Lógica.
   C. Cariñosa.

5. Si alguien hiciera un programa de televisión basado en tu vida, se llamaría:

   A. *El rincón del arte de Antonia.*
   B. *Caroline, la programadora.*
   C. *Nuestra vecina Nora.*

Respuestas

MAYORÍA de A
¡El mundo es tu lienzo! Te encanta hacer cosas nuevas y a menudo se te puede ver con un pincel en la mano. Valora escoger una idea de negocio que ponga en práctica tus habilidades artísticas. Puedes empezar vendiendo lo que más te guste elaborar, ya sean piezas de cerámica de colores, tarjetas decoradas o collares estilosos.

MAYORÍA de B
Te gusta todo lo que tenga que ver con artilugios modernos y te obsesiona entender el funcionamiento de las cosas. Hay muchas maneras de utilizar tus habilidades para ganar dinero, desde ofrecer tus servicios para la creación de páginas web hasta abrir una tienda en línea.

MAYORÍA de C
Todos tus amigos y tu familia saben que pueden contar contigo para echarles una mano. Presta atención en tu comunidad para descubrir oportunidades de ganar dinero con lo que mejor se te da, como ser niñera, dar clases particulares o ayudar a desbrozar el jardín de un vecino.

Cómo darte a conocer

En cuanto tengas tu idea, consigue que tu comunidad te ayude a hacer correr la voz. Cuéntales a tu familia, amigos y vecinos lo que estás haciendo. Tal vez quieran contratar tus servicios, o conozcan a alguien que los necesite.
Por ejemplo, mi madre es enfermera y le ayuda a mi hija Toby a vender las pulseras en el consultorio del médico. Puedes conseguir que otras personas hagan correr la voz y te ayuden con el marketing. Puedes dejar carteles en la escuela o por el barrio. E incluso hacer una página web para anunciar tu negocio en sitios web como Wix o Weebly. Es una buena manera de poner el nombre de tu empresa, la información y el precio en un solo lugar.

PREGUNTA A LAS EXPERTAS

Ganar dinero es emocionante, pero también surgen muchas preguntas, sobre todo si estás iniciando tu negocio. Gina Díez Barroso vuelve para responder algunas preguntas de las lectoras, junto con las inversoras Brittany Davis y Ann Miura-Ko.

¿Cómo sabes cuánto cobrarle al cliente?
Betsy, ocho años, Iowa (EE. UU.)

Averiguar cuánto hay que cobrarle a un cliente depende de varios factores. Primero, piensa cuánto te cuesta a ti hacer o comprar el artículo. Tendrás que cobrarle como mínimo lo que cubra los costes. Segundo, decide cuánto beneficio quieres sacarle a lo que estás vendiendo. Cuando sumes esas dos cosas, tendrás tu precio. Esa cifra debería ser lo bastante baja para ser competitiva comparada con lo que cobran otras empresas, y una cantidad que los clientes estén dispuestos a pagar. Recuerda: ¡decidir el precio no es cosa de una vez y ya! Puedes ir probando distintos precios hasta encontrar el equilibrio adecuado con tus clientes.

Brittany Davis

Una vez he empezado, ¿cómo hago que mi negocio siga funcionando?
Julie, siete años, Florida (EE. UU.)

Mantener un negocio en marcha es como cuidar de una planta. A una planta tienes que darle agua, sol y amor. Con un negocio, tienes que esforzarte mucho, escuchar lo que le gusta al cliente e intentar mejorar siempre. ¡Y no te olvides de divertirte y ser creativa!

Gina Díez Barroso

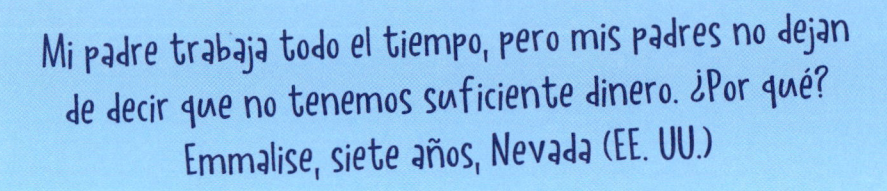

> Mi padre trabaja todo el tiempo, pero mis padres no dejan de decir que no tenemos suficiente dinero. ¿Por qué?
> Emmalise, siete años, Nevada (EE. UU.)

Entiendo que te puede resultar confuso oír que tus padres digan que no tenéis dinero suficiente pese a que tu padre trabaje mucho. Gestionar las finanzas de un hogar es una gran responsabilidad, y tus padres están intentando cubrir los gastos esenciales como la vivienda, la comida y la luz con la cantidad de dinero que ganan, así que deben de referirse a que no tienen suficiente para otros asuntos. Puede que tus padres estén ahorrando dinero para cosas importantes en el futuro, como tu educación o alguna emergencia, u otros objetivos, como iros toda la familia de vacaciones. Piensa que están intentando hacer lo mejor para tu familia, y si alguna vez te preocupa o tienes más dudas, siempre puedes preguntarles.

Brittany Davis

> ¿Cómo consigo que mi negocio tenga un sentido?
> Fatima, diez años, Massachusetts (EE. UU.)

Es una pregunta importante que muchos adultos se olvidan de hacerse antes de iniciar un negocio. Mucha gente que conozco no se da cuenta de que crear un negocio no tiene que ver solo con ganar dinero. Generalmente tiene que ver con expresarse uno mismo y con crear algo que impacte de manera positiva en la gente, y puede que incluso en el mundo.

Primero, es importante que tu negocio se interrelacione con algo que te interese. Cuando creas un negocio, siempre llegará un momento en el que no quieras enfrentarte a lo que tienes que hacer, como arreglar un problema o tener un desacuerdo con tus compañeros de trabajo. Si empiezas algo que te interese, puedes superar esos momentos difíciles.

Segundo, si crees que tu negocio ayuda a otras personas de alguna manera —tal vez les facilita la vida o se las hace más feliz—, descubrirás que algunos de los sacrificios que tienes que hacer merecen mucho la pena.

Tercero, trabaja con más gente. He descubierto que, en las empresas emergentes con las que trabajo, es mucho más difícil tener éxito cuando la has fundado tú sola. Trabajar con otras personas no solo significa que se pueden hacer más cosas, sino también que cuando no te sientas bien, tus compañeras pueden ayudarte a salir adelante. La mayoría de las cosas que merecen la pena hacer son difíciles de afrontar sola, así que rodéate de gente con la que disfrutes trabajando.

Y lo más importante, construye algo de lo que estés orgullosa. A veces, el simple hecho de crear y construir tiene sentido por sí solo. ¡Buena suerte!

Ann Miura-Ko

CAPÍTULO 3
GASTAR DINERO

Ahora que has pensado en algunas maneras de ganar dinero, hablemos de cómo gastarlo. Si lo desglosamos, hay unos cuantos tipos de cosas en las que a la gente le gusta gastar el dinero:

* **Cosas físicas.** Objetos tangibles que se pueden tocar o agarrar, como una bici, un libro o un juguete.
* **Experiencias.** Modos de disfrutar el mundo que te rodea, como comprar una entrada para un concierto o ir de vacaciones a una playa en la que relajarte, nadar y tumbarte en la arena.
* **Regalos.** Gastar dinero en cosas para otras personas, como darle un regalo especial a tu mejor amiga por su cumpleaños.
* **Artículos digitales.** Cosas que tienen valor en internet, pero que no puedes tocar físicamente, como Robux o un libro digital.

* **Hacer donativos.** Dar dinero a personas más desfavorecidas o ayudar a causas que son importantes para ti. Mucha gente dona dinero a su iglesia o a organizaciones sin ánimo de lucro que contribuyen al bienestar de su comunidad o de todo el mundo.

¿EN QUÉ TE *GUSTA* GASTAR EL DINERO?

Antes de que avancemos, quiero que hagas una pausa y reflexiones un momento. Escribe en qué te **gusta** gastarte el dinero. Piensa en las cosas que más valoras y aprecias.

Durante toda la vida, tendrás que gastar en un montón de cosas que no son ni mucho menos divertidas. Cuando seas adulta, verás que gastas dinero yendo a la compra para poder tener qué comer, o en un coche para poder ir y venir del trabajo.

Entonces, ¿por qué te pido que pienses en gastar en eso que te gusta? Invertir en cosas que te aportan alegría de verdad y ser muy consciente de en qué te gastas el dinero es una cualidad importantísima en la vida. Si no te gustan los cafés supermodernos, puedes reunirte con tus amigos en una cafetería sin tener que gastarte 5,50 € en un frappé de brownie de chocolate y dulce de leche con extra de nata montada. Si te da un poco igual la ropa, no te gastarás dinero en las prendas de un diseñador que te sale todo el rato en Instagram. Quiero que entiendas a la perfección en qué te gusta gastar el dinero de verdad.

A mí, personalmente, me gusta usar dinero para comprar flores. Las compro en el mercado agrícola o en el supermercado. Huelen de maravilla, me dan mucha felicidad ¡y no siempre son supercaras! Las flores son una de las cosas con las que me siento muy bien al gastarme algo de dinero. Como dije antes, también me encanta gastar en experiencias, y en cosas que pueden subir de valor, como invertir en algo que en el futuro será más caro. Pero volveremos a eso más tarde.

Por ahora, quiero que te quedes con esta idea en la mente: deberías encontrar maneras de gastar el dinero que te hagan feliz. Va a ser importante cuando hablemos de hacer un presupuesto, porque el presupuesto es como un mapa de carreteras que deja espacio tanto para las cosas en las que tienes que gastar dinero como para aquellas en las que quieres gastarlo.

VOCES REBELDES

«Las mejores cosas que me he comprado son de nuestros viajes sorpresa en familia, en los que pasamos un día o un fin de semana de excursión por nuestro estado. Me gusta comprar cosas en sitios nuevos».
Addie, ocho años, Montana (EE. UU.)

POR QUÉ LAS COSAS CUESTAN LO QUE CUESTAN

En un mundo perfecto, siempre tendríamos dinero para pagar todo lo que quisiéramos. Sin embargo, a veces, lo que queremos comprar cuesta más dinero del que tenemos. Pero ¿quién decide cuánto cuestan las cosas?

Hay muchos factores que entran en juego a la hora de decidir cuánto cuesta algo, y ese es un asunto al que los economistas le dan muchas vueltas. Los economistas son personas que estudian la economía, que se ocupa de los bienes, de los servicios y de cómo los valora la sociedad.

Sin embargo, no hay que ser economista para entender por qué unas cosas cuestan más que otras. La manera más sencilla de reflexionar sobre por qué cuestan lo que cuestan es imaginarse un mercado. Hay mercados por todos lados, desde el supermercado donde hace la compra tu familia a grandes mercados en internet como Amazon. En un mercado, una persona o una empresa tienen un artículo que esperan vender, y un cliente acude a comprar algo. Cuando la empresa y el cliente acuerdan un precio, se produce una venta. Pero hay todo tipo de factores que influyen en el precio final:

* **Ubicación.** Un factor que cambia el coste de un artículo es dónde lo compramos. Supongamos que vives en una gran ciudad y quieres comprar un litro de leche. En tu supermercado más cercano la leche está a 90 céntimos. Pero pongamos que tienes una amiga que vive en una pequeña isla escocesa, que está lejos del continente y a la que cuesta mucho llegar. Puede que cuando ella vaya a su tienda más cercana, el mismo litro de leche le cueste el doble que a ti. ¿Por qué? Bueno, pues porque a esa ubicación resultaba más difícil llegar. A ese mercado (o a esa tienda) le sale más caro hacer llegar la leche hasta allí.

* **Estado.** Otro factor que cambia el precio de un producto es su estado. Si vas a una gran tienda de electrodomésticos, una consola de videojuegos nuevecita puede salirte por 500 €. Sin embargo, puede que tu vecina, la que vive al final de tu calle, tenga una consola que ya no quiere. Intenta deshacerse de ella, y está usada, así que está dispuesta a vendértela por 100 €.

* **Demanda.** Cuando hay mucha gente que quiere comprar una cosa, los precios pueden subir. Pongamos que tu músico favorito viene a la ciudad a dar un concierto, y las entradas se acaban enseguida. Eso significa que había mucha demanda. Aunque la entrada costara originalmente 25 €, puede que haya alguien dispuesto a pagar el doble porque tiene muchísimas ganas ir.

MANERAS DE PAGAR LAS COSAS

A medida que crezcas, quiero que empieces a poner más atención en cómo pagan las cosas las personas que te rodean. ¿Utilizan efectivo? ¿Sacan una tarjeta de plástico de la cartera? Son buenas preguntas para hacerles a los adultos que tienes cerca: ¿cómo prefieren pagar las cosas? Ya has aprendido que el dinero que **ganas** tiene muchas formas diferentes. Ahora vamos a hablar de las distintas formas que tiene el dinero que **gastas**.

1. **Efectivo.** El efectivo son los billetes y las monedas. Si tienes una hucha o alcancía, es ahí donde lo guardas. Puedes utilizar el efectivo para pagar en la mayoría de las tiendas físicas.
2. **Cheques.** Si tienes una cuenta corriente, tu banco te dará una chequera, que puedes usar para pagar a otras personas.
3. **Tarjetas de débito.** Hay dos tipos de tarjetas de plástico que la gente puede llevar en la cartera (¡y son muy distintas!). Las tarjetas de débito toman el dinero directamente de tu cuenta bancaria, así que cuando pasas una tarjeta de débito, estás utilizando un dinero que ya tienes. Puedes pasar una tarjeta de débito en una tienda o marcar el número en una página web para comprar algo por internet.
4. **Tarjetas de crédito.** Igual que con la de débito, puedes utilizar la tarjeta de crédito para pagar en persona o por internet. Sin embargo, cuando usas la tarjeta, estás pidiendo prestado ese dinero. Si lo devuelves al banco con rapidez, no tendrás un gasto extra. Pero si dispones del dinero durante mucho tiempo, el banco te cobrará intereses (que es como un cargo adicional).
5. **Apps de dinero.** Tal vez hayas visto que los adultos que tienes cerca u otras personas utilizan el móvil para pagar en las tiendas. Eso se debe

a que están usando una aplicación de dinero de su teléfono. Quiere decir que no tienen que sacar la tarjeta de crédito y acercarla o pasarla por la caja. El teléfono puede almacenar la misma información que hay en la tarjeta de crédito y así puedes comprar fácilmente con el celular.

El dinero digital es dinero de verdad

Cuando pagamos en efectivo, es fácil entender lo que gastamos. Tienes una cantidad de dinero, lo entregas y dejas de tenerlo. ¡Lo vemos con nuestros propios ojos!

A veces cuando gastamos con tipos de dinero digital —como una app de nuestro móvil—, no parece que nos estemos deshaciendo de nada. Sin embargo, el dinero digital también es de verdad. Así que si tecleas en el teléfono para pagar, estás sacando dinero de tu cuenta y utilizándolo en algo del mundo real.

Puede que ya te suene el dinero digital si alguna vez has comprado fichas o actualizaciones cuando juegas con el móvil. Pese a que estás usando esas fichas en el mundo digital del juego, te cuesta dinero de verdad que sale de la cuenta bancaria que tienes asociada al teléfono.

CÓMO PLANTEARSE UN CRÉDITO A MEDIDA QUE TE HACES MAYOR

Generalmente, tienes que haber cumplido dieciocho años para que te den tu primera tarjeta de crédito. Así que lo más probable es que usar una tarjeta de crédito sea algo que te quede un poco lejos. Pero puedes empezar a entender sus pros y contras desde ahora para estar preparada cuando cumplas la edad suficiente para tener una.

Beneficios de las tarjetas de crédito

Uno de los pros de las tarjetas de crédito es que son fáciles de usar. En vez de llevar efectivo contigo, basta con llevar una tarjeta, lo que te da mucha flexibilidad. Supongamos que te compras una bici que cuesta 200 €. Tal vez no tengas esos 200 €, y puede ser estresante ir por la calle con tanto dinero en el bolsillo, sabiendo que si pierdes la cartera o el bolso no vas a recuperarlo. Por tanto, ese sería un buen momento para utilizar en su lugar una tarjeta de crédito. Si pierdes la tarjeta de crédito, puedes llamar a tu banco. Cancelarán la tarjeta y te enviarán una nueva por correo.

Otra ventaja es que las tarjetas de crédito a

menudo tienen un sistema de recompensas, que es como si la empresa de la tarjeta te pagara por utilizarla. Tu tarjeta de crédito acumula puntos con el tiempo, y luego puedes comprar cosas con ellos. Puedes utilizar los puntos para pagar desde unas vacaciones (billetes de avión y hoteles) hasta un ordenador nuevo. A veces, las tarjetas te dan algo que se llama reembolso, que es cuando te devuelven una pequeña cantidad de dinero cada vez que haces un tipo determinado de compra.

Riesgos de las tarjetas de crédito

Lo más arriesgado de las tarjetas de crédito es lo fácil que puede ser gastar de más con ellas. Hay dos motivos principales:

1. Las tarjetas de crédito te fijan un límite de cuánto puedes gastar…, pero ese límite no significa que tengas esa cantidad de dinero en tu cuenta. Pongamos que tienes un límite de 100 € en tu tarjeta de crédito, pero solo tienes 50 € en tu cuenta. Si cargas 100 € a la tarjeta de crédito, no tendrás dinero suficiente para devolvérselo al banco cuando te llegue la factura de la tarjeta.

2. ¡Es demasiado fácil usar las tarjetas de crédito! Cuando pasas una tarjeta de crédito, puede que la transacción no te parezca tangible. No estás sacando dinero de la cartera y dándoselo a alguien en la tienda. Es fácil perder la cuenta del dinero que vas gastando, por lo que es posible que descubras que has gastado más de lo que tienes.

Comprender la deuda de la tarjeta de crédito

Cuando gastas más de lo que tienes y no puedes pagar el importe total de la factura de tu tarjeta, a eso se le llama deuda de tarjeta de crédito. Hay millones de personas que tienen deudas de tarjeta de crédito, y puede resultar peligroso si no te pones al corriente con los pagos. Uno de los objetivos que tengo para todas las rebeldes es que nunca tengan una deuda de tarjeta de crédito. ¿Por qué? Porque una vez que la tienes, es increíblemente difícil librarse de ella.

Mira, te pongo un ejemplo: pongamos que una cuenta de ahorros **gana** un 5 por ciento de interés. Por lo tanto, si ingresas tu dinero en el banco, te dan un 5 por ciento más de lo que tienes. Sin embargo, la tarjeta de crédito media **cobra** aproximadamente un 20 por ciento de interés. Con lo cual, si tienes una deuda de tarjeta de crédito a final de mes, el banco añade un 20 por ciento extra a lo que ya le debes.

Si ahorras 1 €, con el tiempo tendrás 1,05 €. Pero si debes 1 € en deuda de tarjeta de crédito, cuando te quieras dar cuenta deberás 1,20 €, ¡y seguirá subiendo! Y a medida que pasa el tiempo, la deuda empieza a crecer cada vez más y más rápido.

No sé si recuerdas que te dije que quería que ahorraras e invirtieras para que tu dinero creciera mientras dormías. Piensa en la deuda de tarjeta de crédito como lo contrario a eso. Tu deuda (el dinero que debes) sigue creciendo mientras duermes, y lo hace muy rápido.

Regla de oro de tu tarjeta: devuelve la deuda completa

Cuando cumplas la edad para tener tu primera tarjeta de crédito, quiero que te esfuerces al máximo en devolver el importe de tu tarjeta de crédito en cuanto te llegue la factura. Entiendes los riesgos que comporta la deuda de la tarjeta de crédito, así que no deberías gastar más de lo que puedas devolver cada mes. ¡No hay peros que valgan!

Vivir con lo que tienes es un concepto importante en la vida. Utilizar la tarjeta de crédito puede ser algo bueno siempre y cuando tengas la disciplina de asegurarte de que nunca gastas de más. Me encanta utilizar la tarjeta de crédito porque es fácil y puedo obtener recompensas. Pero siempre lo devuelvo todo para no pedir prestado un dinero que no tengo.

¿Qué es la capacidad crediticia?

Cuando seas adulta, tendrás lo que se llama capacidad crediticia. La capacidad crediticia no es más que una nota que establece cuán responsable eres con el dinero. Me gusta decir que es la única nota que importa cuando acabas el instituto o te gradúas de la universidad. A medida que crezcas, querrás tener una capacidad crediticia fuerte. Necesitarás que te permita hacer cosas como alquilar un piso, comprarte un coche o una casa. Y cuanto mejor sea tu nota, más dinero ahorrarás al hacer esas grandes compras.

¿Qué tiene en cuenta la capacidad crediticia?

Hay un montón de detalles que se tienen en cuenta para calcular tu capacidad crediticia, pero los tres factores más importantes son estos:

1. **La periodicidad con que pagas tus facturas a tiempo.** Cualquier posible banco que vaya a prestarte dinero querrá asegurarse de que pagas las facturas a tiempo, así que esto es lo que más cuenta en tu capacidad crediticia. Hay muchas maneras de cerciorarte de que nunca pagas tarde, como, por ejemplo, configurar los pagos automáticos.

2. **Cuánto crédito utilizas.** Una tarjeta de crédito tiene un límite (la cantidad máxima que puedes gastar). Así que esta es una manera de calcular cuánto estás utilizando de tu crédito disponible. A los bancos les gusta comprobar que no supones un riesgo financiero y que estás gastando muy por debajo de tu límite.

3. **Cuánto hace que tienes crédito.** La capacidad crediticia refleja lo bien que se te da el dinero así que, cuanto más tiempo haga que tienes una nota, más información tienen las agencias de crédito para saber cómo eres. Cuando tengas tu primera tarjeta de crédito, practica utilizándola para hacer pequeños pagos que puedas devolver a final de mes, como darte el gusto de comprarte algo para comer.

POR QUÉ NECESITAS UN PRESUPUESTO

Hacer un presupuesto es algo importante, que hay que aprender tengas la edad que tengas. Suelo decir que la palabra «presupuesto» es una de las más empoderantes que existen, porque un buen presupuesto te permite hacer lo que quieras... siempre y cuando reflexiones y tengas en cuenta lo que quieres conseguir.

A menudo, hablamos de presupuestar dinero, pero seguro que ya has aprendido a presupuestar algo más en tu vida: el tiempo. Cuando tenemos una cantidad limitada de algo, como dinero o tiempo, debemos tomar decisiones sobre cómo gastarlo. Si alguna vez has tenido que decidir entre salir con tus amigas, trabajar en un proyecto artístico o dar un paseo con tu padre, has tenido que presupuestar tu tiempo.

Conceptos básicos del presupuesto

Entonces, ¿qué es un presupuesto? Piensa en él como una receta para saber qué hacer con tu dinero. Cuando haces galletas, combinas un montón de ingredientes, en distintas cantidades, y los mezclas para convertirlos en algo que disfrutar. Algunos de los ingredientes son esenciales (como bicarbonato sódico para que las galletas fermenten) y otros se añaden para darle un toque divertido (como las pepitas de chocolate o el confeti dulce).

Un presupuesto empieza con cuánto dinero tienes. Tener esa cifra en la cabeza te ayudará a asegurarte de que no gastas de más ni te endeudas. Cuando seas adulta, puede que tengas un trabajo que te proporcione un sueldo fijo con lo que te resultará fácil saber exactamente cuánto dinero ganas cada mes. En algunos trabajos, puede que te paguen cantidades distintas y en distinto momento, pero se aplica el mismo principio básico.

Cuando sabes el dinero que tienes entre manos, entonces decides cómo vas a repartirlo entre las cosas que quieres, las que necesitas y tu futuro.

> **VOCES REBELDES**
>
> «Hacer un presupuesto no es solo para las personas que no tienen suficiente dinero. Es para todo el que quiera asegurarse de que el dinero que tiene es suficiente».
> Rosette Mugidde Wamambe, abogada

La regla del 50/20/30

Empecemos. El método presupuestario que me encanta se llama regla del 50/20/30. Es una regla genial para que la utilicen los adultos, ¡pero también te puede funcionar a ti! Supongamos, para ponerlo fácil, que ganas 100 € al año. Con la regla del 50/20/30, vamos a colocar esos 100 € en tres categorías:

* El 50 por ciento de ese dinero (o la mitad de la tarta) va a tus imprescindibles. Cuando eres adulta, esta parte del presupuesto se dedica a cosas como alquilar la casa en la que vive tu familia, el pago de la hipoteca de una vivienda, la comida u otras necesidades. Así que, calcula conmigo, tienes 50 € para tus gastos esenciales. Hoy en día para ti, tal vez tus gastos esenciales sean las cosas que necesitas para el colegio (como libros o material escolar).
* El 20 por ciento va destinado a tu futuro. Eso quiere decir que 20 € de los 100 € es dinero que va para algo que quieres hacer más adelante. Cuando crezcas, eso podría ser darte unas buenas vacaciones. Ahora mismo, puede significar ahorrar para la universidad.
* El 30 por ciento de ese dinero se dedica a todas las decisiones divertidas que tomas cada día, como ir a la heladería con tus amigas o comprarte un conjunto nuevo.

Así que cuando utilizas la regla del 50/20/30, no solo sabes cuánto te puedes permitir gastar, sino también de dónde debería salir exactamente ese dinero. ¡Feliz presupuesto!

Imagina

A Cece se le avecinaba una semana cargadita. El lunes tenía un examen de Matemáticas, el martes un partido de hockey, el jueves una presentación en la clase de Español y el viernes, después de clase, los castings para la obra de teatro del colegio.

Sabía que tenía que ponerse a estudiar y ensayar para la semana que le esperaba..., pero es que también tenía un fin de semana atareado. Se había comprometido a ser niñera de Tenley, su hermana pequeña, y Zoe, su mejor amiga, la había invitado a su casa para probar su nuevo estuche de maquillaje.

Cece se empezó a sentir agobiada. Había un montonazo de cosas que *tenía* que hacer, pero también otras tantas que *quería* hacer. ¿Le daría tiempo para todo?

El sábado, su madre la dejó en casa de Zoe sobre la hora del almuerzo y se pasaron la tarde mirando tutoriales de maquillaje en YouTube. Cece llamó a su madre para preguntarle si podía quedarse a cenar pizza y no volvió a casa hasta la hora de acostarse.

El domingo Cece se levantó temprano para poder hacer las fichas de matemáticas antes de encargarse de las tareas de casa. También tenía que elegir una canción para el casting de la semana siguiente, así que se encerró en su cuarto, se decidió por una canción y empezó a hacer sus ejercicios de calentamiento vocal.

Esa tarde hizo de niñera de Tenley e incluso intentó enseñarle algo de español. Así mataba dos pájaros de un tiro: ¡la entretenía y de paso preparaba su presentación para el jueves!

Cece se lo había pasado muy bien durante el fin de semana, pero además se sentía preparada para la semana que se avecinaba. Decidir cómo gastar algo limitado —como el tiempo o el dinero— no siempre es fácil. Tenemos que encontrar el equilibrio perfecto entre las cosas que debemos hacer y las que nos hacen felices. Más que una ciencia es un arte.

Cómo practicar la elaboración de un presupuesto hoy

Una manera divertida de practicar la elaboración de un presupuesto hoy es utilizar distintos sobres para cada categoría de nuestro presupuesto. Pongamos que tienes 30 €. Metes 15 € en un sobre que utilizarás para los gastos esenciales, 6 € pueden ir a una hucha para el futuro, y 9 € van a un sobre para tus gastos de ocio. Cuando un sobre esté vacío, significa que te has gastado ese dinero y que tendrás que ganar más para volver a acumularlo.

Test de presupuesto: ¿Adónde van estos gastos?

Hagamos una pequeña prueba para examinar tu comprensión de la regla del 50/20/30. Coge un trozo de papel y haz tres columnas. Encima de la primera columna escribe «50». En las otras dos pon «20» y «30». Coloca cada uno de los siguientes artículos debajo de la columna a la que pertenezcan.

1. Ahorrar para comprar un coche. (¡Descapotable, allá vamos!)
2. Hacerte una manicura de brillos con tu mejor amiga.
3. Comprarte unas botas nuevas para jugar futbol.
4. Ir al cine a ver tu película favorita.
5. Apartar dinero para la universidad.
6. Conseguir un ejemplar de tu lectura de verano obligatoria.
7. Comprarle un juguete a tu hermanita por su cumpleaños.
8. Sacar el abono de autobús para poder desplazarte para tus trabajos de niñera.
9. Comprarte un vestido nuevo por internet para llevarlo en el baile de la escuela.

Respuestas

Q1: 20. Q2: 30. Q3: 50. Q4: 30. Q5: 20. Q6: 20. Q7: 30. Q8: 50. Q9: 30.

PREGUNTA A LAS EXPERTAS

Gastar dinero puede suscitar algunos sentimientos complicados. Gina Díez Barroso y Brittany Davis están de vuelta para ayudar contestando a las preguntas de las lectoras.

> Mi madre dice cosas como «Podemos pagar el viaje con la tarjeta de crédito», pero cuando le pido que me compre un juguete, me dice que en ese momento no tenemos dinero en el presupuesto. ¿Por qué no puede pagarlo con la tarjeta de crédito y ya está?
> Reese, diez años, Georgia (EE. UU.)

Una tarjeta de crédito es como una promesa de que pagarás más adelante. Sin embargo, es importante ir con cuidado porque si la utilizas demasiado y no puedes devolver el dinero, te puede causar problemas. Siempre que compras algo con tarjeta de crédito, tienes que estar segura de tener un plan para devolverlo. Y ahí es donde entra en juego el presupuesto. Lo primero que hace tu madre es planificar cómo gastar el dinero en las cosas importantes. A veces, puede que no quede ningún extra para comprar juguetes en ese mismo instante. Se trata de garantizar que gastamos el dinero de manera inteligente.

Gina Díez Barroso

> Una amiga mía siempre me pide que haga con ella cosas divertidas como ir al parque de atracciones o a conciertos. Sin embargo, su familia tiene más dinero que la mía, y muchas veces mi madre me dice que no puedo ir porque es demasiado caro. ¿Qué debería hacer?
> Alina, once años, Nueva Jersey (EE. UU.)

Puede ser complicado cuando quieres hacer cosas divertidas con tu amiga, pero las diferencias económicas son una traba. Deberías hablar con ella y explicarle que a veces no puedes ir a ciertos sitios o eventos porque se sale del presupuesto de tu familia. Si es una amiga de verdad, lo entenderá y te agradecerá tu sinceridad. Mirad si podéis priorizar pasar tiempo juntas, aparte de esas salidas tan caras. Hacer una noche de pelis en casa, salir a pasear por la naturaleza o hacer manualidades son maneras estupendas de pasar tiempo juntas sin necesidad de gastar un montón de dinero.

También puedes empezar a planificar con antelación y ahorrar para las cosas que te apetecen hacer de verdad con tu amiga. Piensa en apartar algo de dinero de tu paga semanal o cuando te regalen dinero y utilízalo en alguna de esas actividades. Tal vez no te puedas permitir decirle siempre que sí cuando te proponga ir a algún sitio, pero hay maneras de que paséis tiempo juntas independientemente de cualquier diferencia financiera.

Brittany Davis

CAPÍTULO 4

AHORRAR DINERO

Bien, ha llegado el momento de basarse en esos principios del presupuesto que acabas de aprender en el capítulo anterior. Anímate, porque vamos a hablar de una habilidad que puedes empezar a desarrollar ahora mismo: ahorrar dinero. Te explicaré todas las maneras que tienes de ahorrar y haré que te sientas capaz y decidida a la hora de abrir una cuenta en el banco.

¿POR QUÉ ES IMPORTANTE AHORRAR?

Te debes de estar preguntando por qué tiene tanta importancia ahorrar. Siempre hago la broma de decir que tu objetivo es ser como una ardilla. ¿Sabes cómo esas ardillitas tan lindas corretean y almacenan nueces en los cachetes? Al hacerlo, están usando el momento presente para pensar en su yo futuro. Almacenan nueces hoy para tener algo que comer mañana.

A partir de este mismo instante, piensa que eres una ardillita. ¿Por qué? Porque así te asegurarás de que en cualquier momento que quieras hacer algo en el futuro, tienes una cuenta de ahorros a la que puedes acudir. Cada vez que ganes dinero, quiero que tomes una parte y la reserves.

Cada céntimo importa

Cuando se trata de ahorrar, cada poquito cuenta. Tal vez creas que no tienes dinero suficiente para ahorrar, pero, con el tiempo, un poco puede dar para mucho.

Imaginemos que ahorras 5 € a la semana. A final del año eso son 260 € que has apartado. Además, en la cuenta de ahorros ganas intereses. Con las tasas de interés actualmente sobre el 5 por ciento, si metes el dinero en el banco tendrás cerca de 275 € ahorrados. ¡Vaya crecimiento más impresionante! Pongamos que apartas 5 € a la semana durante diez años. Tendrás más de 3 000 € y solo en interés habrás ganado más de 700 € (recuerda: el interés es el dinero gratis que te paga el banco por tener tu dinero guardado en él).

Un poquito da para mucho, así que es importante que desarrolles el músculo del ahorro. Practica ahora ahorrando pequeñas cantidades y, cuando empieces a ganar más dinero, ya estarás acostumbrada. Si recuerdas la regla del 50/20/30 de la que hablamos, puedes empezar poniendo al menos el 20 por ciento de cada euro que ganes en tu hucha del ahorro de aquí en adelante.

Imagina

Daphne estaba teniendo un año genial. Había empezado su negocio de diseño de tarjetas de cumpleaños personalizadas, poniendo en práctica su habilidad para las manualidades. Tras descontar los gastos, estaba ganando unos $35 al mes.

Estaba emocionadísima por tener todo ese dinero extra disponible para gastar, pero qué hacer con él suponía una gran decisión. Vayamos hacia adelante e imaginemos qué podría hacer con el dinero dentro de seis meses, dependiendo de si se gasta lo que gana o si desarrolla esas habilidades de ardillita y ejercita el músculo del ahorro.

Daphne la derrochadora

Cada vez que Daphne vende una nueva tarjeta de cumpleaños, puede oír el clin-clin del dinero extra que entra en su cuenta. ¡La de cosas que puede hacer y comprarse ahora! En seis meses, ha ganado **$210**. Se los ha gastado en lo siguiente:

$52 en una máquina de karaoke
$36 en libros de su autora favorita
$44 en un vestido especial para su graduación
$22 en un balón de futbol nuevo para entrenar
$29 en un tutú para ballet
$10 en dos chocolates para su amiga Bebe y para ella y **$2** más por un extra de nata montada
= le quedan $15 en la cuenta bancaria

Al acabar los seis meses, Daphne se da cuenta de que necesitará unos zapatos nuevos; los suyos se caen a trozos y el primer día de clase quiere que la vean estupenda. Cuestan $35, y Daphne sabe que en los últimos meses ganó más de ese dinero…, pero cuando va a mirar lo que tiene en la cuenta bancaria, solo le quedan $15.

Daphne la ahorradora

Cada vez que vende una nueva tarjeta de cumpleaños, Daphne guarda de inmediato casi cada dólar que gana en su cuenta de ahorros. ¿Por qué ahorra tanto? Se muere de ganas de tener su propio iPad, y su madre le ha dicho que solo lo tendrá si se lo compra ella misma con lo que gane. En seis meses ha ganado **$210**. Se los ha gastado en lo siguiente:

$135 en un iPad que está como nuevo
$5 en un juego para el iPad
$25 en su fondo para la universidad (que se duplicarán con creces para cuando empiece la universidad)
= le quedan $45 en su cuenta bancaria

Al acabar los seis meses, Daphne se siente muy satisfecha cada vez que saca su iPad. Es lo primero que se ha comprado sola, con el dinero que ha ganado ella misma. Además, aún le queda dinero en la cuenta del banco. Incluso tiene suficiente para los zapatos que necesita el primer día de clase. Y después de eso, ¡a por el siguiente objetivo de ahorro!

¿Lo mejor de todo? Que ha conseguido algunas cosas que quería y que las puede disfrutar ahora mismo (su iPad), pero también está preparando a la Daphne del futuro para que tenga unas finanzas universitarias sólidas. Y eso la hace sentir genial.

VOCES REBELDES

«Todo comenzó a girar alrededor del surf, y empezó con la primera tabla que compramos mi amiga, y ahora socia comercial, Tushar, y yo tras vender muchas de nuestras cosas para ahorrar el dinero suficiente».
Ishita Malaviya, surfista

MANERAS DE AHORRAR DINERO

El primer paso en el mundo del ahorro es asegurarse de apartar dinero cada vez que ganas algo. Pero el segundo paso es decidir dónde ahorrarlo.

- **Huchas.** Seguramente muchas de vosotras tengáis una hucha o una caja para el dinero en vuestro cuarto. Las huchas son una manera genial de empezar a ahorrar, sobre todo cuando eres joven. Como en la hucha solo puedes meter billetes y monedas físicas, es fácil medir el avance y ver cómo crecen tus ahorros.
- **Cuentas bancarias.** Aunque las huchas son un lugar genial para empezar, quiero que te esfuerces en conseguir una cuenta bancaria de verdad. ¿Por qué? Porque cuando tu dinero está en una cuenta de ahorros en un banco, gana intereses para crecer por sí solo.

CÓMO ENCONTRAR LA CUENTA BANCARIA PERFECTA PARA TI

Si te acuerdas, una de las primeras cosas que te pedí que hicieras fue hablar con tus adultos para que te abrieran una cuenta de ahorros. Así pues, vamos a hablar un poquito más sobre qué es y qué necesita tener una «buena» cuenta de ahorros.

Corriente vs. ahorros

Hay dos tipos principales de cuenta bancaria que tendrás a medida que crezcas. Una es la **cuenta corriente**. Es una cuenta en la que ingresas y sacas dinero con regularidad. Es un lugar para el dinero que utilizas con frecuencia, como para pagar la comida y la ropa. Aunque es un sitio seguro, no suele generar mucho interés.

El otro tipo es la **cuenta de ahorros**. Es un lugar para el dinero que tienes planeado tener guardado durante un periodo de tiempo más largo. Genera interés porque el banco te paga por permitirle guardarte allí tu dinero.

Cuando era una niña, mi padre me enseñó mis extractos bancarios para que viera lo que pasaba con mi dinero. Recuerdo ver que crecía todos los meses. ¡La sensación de ver que eso sucedía sin que yo hiciera nada con él era increíble! Cuando sabes lo que pasa con el dinero que estás ahorrando, te sientes más empoderada y segura.

¿Por qué es importante que crezca tu dinero? Porque, con el tiempo, en el futuro, querrás poder hacer compras que te entusiasmen, como comprarte cosas importantes, viajar por el mundo o pagar tu propia casa.

En qué fijarse en una cuenta de ahorros

Si aún no tienes una cuenta de ahorros y estás pensando en abrir una con tu familia, estas son las preguntas más importantes que debes hacer:

* **¿El banco tiene muchas sucursales?**

    Seguro que habrás visto muchos bancos en tu pueblo o ciudad. Necesitas que tu banco tenga una ubicación física cercana, por si tienes que ir allí en persona. Busca bancos que tengan sucursales por todo el país, no solo donde vivas tú actualmente. Así, si te trasladas a una ciudad distinta para ir a la universidad, te acabas mudando o te vas de viaje, ¡podrás seguir usando el mismo banco!

* **¿El banco tiene una aplicación o una página web fáciles de usar?** Ahora muchos bancos disponen de aplicaciones útiles. El uso de la tecnología para cuidar de tu dinero ya no tiene vuelta atrás. Facilita mucho poder consultar tu cuenta desde el móvil o el ordenador.

* **¿Te cobrarán una tarifa por la cuenta?** Quiero que busques cuentas que no te cobren nada. Los bancos pueden cobrarte todo tipo de tasas (como la llamada comisión por descubierto, que te pueden cobrar si gastas más dinero del que tienes sin darte cuenta), así que lee la letra pequeña y asegúrate de que sabes qué tasas te podrían corresponder. El objetivo es hacer crecer tu dinero en la cuenta de ahorros, ¡no gastártelo en molestos cargos del banco!

AHORRAR PARA OBJETIVOS A LARGO PLAZO

Durante tu vida, afrontarás algunos gastos súper importantes para los que puede que te cueste mucho tiempo ahorrar. Existen tipos de cuentas especiales que están diseñadas específicamente para algunos de estos gastos. Son cuentas para ahorrar dinero para un objetivo en el futuro a muchos años vista.

Alguien me preguntó una vez: «¿Qué es lo más inteligente que puedo hacer con mi dinero de joven?». Y le dije: «Empezar a ahorrar cuanto antes». ¿Te acuerdas de la ardillita de la que te hablé? Quiero que seas una ardillita ahorradora en lo referente a objetivos que te quedan muy lejos, como la universidad y la jubilación.

Ahorrar para la universidad

La universidad es algo para lo que merece la pena ahorrar, ya que dependiendo del lugar donde estudies los costes pueden ser muy altos. Te sugiero que pidas a tu adulto más cercano que te abra una cuenta de ahorros a tu nombre para que puedas utilizarla como cuenta de inversión en la que meter dinero que más adelante usarás para tus estudios.

Pongamos que ahora tienes ocho años y decides que irás a la universidad dentro de diez. Ir reservando un poco del dinero que ganes puede ayudarte a pagar los gastos de la universidad. Tal vez tu familia te ayude a pagar la matrícula, o tal vez tengas una beca. Si es así, puedes dedicar el dinero que ahorres a tus gastos; cosas que quieras y necesites cuando te vayas a la universidad. Si decides estudiar en España, hay diferentes tipos de becas y ayudas disponibles:

✳ **Beca matrícula:** cubre el importe de la matrícula.
✳ **Beca por renta familiar:** depende de los ingresos de tu familia.

* **Beca por cambio de residencia durante el curso escolar:** para los que estudien fuera de su lugar de residencia.
* **Beca por excelencia académica:** depende del rendimiento académico del estudiante.

En otros países se ofrecen préstamos para ir a la universidad; es buena idea informarse de todas las opciones disponibles del lugar que te interese.

Ahorrar para la jubilación

Si la universidad te parece algo lejano, la jubilación está muchísimo más lejos aún. Pongamos que ahora mismo tienes ocho años y que te jubilas a los setenta. Eso significa que estás ahorrando para un objetivo que está ¡a sesenta y dos años en el futuro! Tienes un largo camino por delante, pero en cuanto te gradúes de la universidad o consigas tu primer empleo como adulta, quiero que empieces a ahorrar para la jubilación.

¿Eso que quiere decir? Significa que cuando tengas unos veinte años, vas a abrir tu

VOCES REBELDES

«Tengo mi propio negocio y mi idea es seguir trabajando en él para que me ayude a pagar la universidad».
Le'onie, doce años, Georgia (EE. UU.)

primera cuenta de jubilación o plan de pensiones. Si trabajas para una empresa u organización que cuenta con un plan de pensiones, entonces inscríbete, lo más probable es que también te paguen por ello, ¡con lo que tendrás aún más incentivos para ahorrar! También puedes contratar un plan de pensiones personal.

Lo importante que hay que planificar ahora es que una vez que empieces a trabajar, ahorres todo lo que puedas para la jubilación. Cuando te jubiles, dejarás de trabajar a cambio de un sueldo, o trabajarás menos. Tal vez hagas un voluntariado en vez de trabajar por dinero. Sea como sea, ya no recibirás un salario fijo, y necesitarás dinero para tus gastos. Me gusta pensar en la cuenta de jubilación como una «cuenta para gastar cuando te jubiles». Es dinero que apartaste mientras eras joven, así que tendrás mucho para gastar cuando seas mayor.

Las cuentas de jubilación están especialmente diseñadas para apartar el dinero y no tocarlo durante muy mucho tiempo. De hecho, algunas de estas cuentas te aplican recargos si sacas el dinero antes de llegar a la edad de jubilación, con lo que disponen de una capa extra de protección para recordarte que dejes ese dinero guardado ahí para tu futuro.

Empareja los ahorros: ¿Qué cuenta deberías utilizar?

Vamos a hacer un juego de emparejar para demostrar si has entendido los distintos tipos de cuenta en los que puedes poner dinero. ¿Qué tipo de cuenta deberías usar en cada caso?

1. Tu padre te da 10 € para que pagues el almuerzo mañana con tus amigos.

2. Te acabas de graduar de la universidad y recibes tu primer sueldo. Quieres apartar dinero para cuando te jubiles.

3. Acabas de ganar 20 € trabajando como niñera, y quieres apartar 5 € para comprarte un videojuego el mes que viene.

A. Cuenta corriente

B. Cuenta de ahorros

C. Plan de pensiones

Respuestas

1: A. 2: C. 3: B.

AHORRAR ES UN HÁBITO

Una última cosa importante sobre el ahorro que hay que recordar: es un hábito saludable que tienes que desarrollar en tu vida diaria, como lavarte los dientes. Sabes que tienes que lavarte los dientes al menos dos veces al día, ¿verdad? Nos cepillamos durante dos minutos, usamos enjuague bucal y nos limpiamos con hilo dental. Es un hábito diario que nos protege la dentadura para que la tengamos siempre sana. ¡Nuestra cuenta de ahorros —y ahorrar para cosas como la universidad y la jubilación— no es distinta! Cuanto antes empieces, mejor desarrollarás hábitos monetarios buenos y sanos.

Por tanto, cada vez que ganes dinero de algún tipo (por poco que sea), aparta al menos el 20 por ciento y empieza a ahorrar para el futuro.

Maneras divertidas de potenciar tu ahorro

¿Cómo convertirte en una superestrella del ahorro? Aquí te propongo unas cuantas ideas:

1. **Tres huchas.** Todos mis hijos —Toby, Cashel y Rosey— tienen varias huchas. ¿Por qué? ¡Porque puedes utilizar distintas huchas para ahorrar para diferentes fines! La hucha más pequeñita se puede utilizar para un objetivo más modesto (como un helado), la mediana para una meta que se avecina (como clases de guitarra o un viaje en verano) y la más grande, para un propósito muy lejano y ambicioso (como un coche). Cada vez que te den dinero, por ejemplo, unos cuantos euros del Ratoncito Pérez, puedes dividirlo y poner un poquito en cada una.

2. **Tarros decorados.** Dos chicas que conozco, Pryor e Imogen, han convertido el ahorro en un proyecto artístico. Utilizaron tarros de vidrio (de los de mermelada o de mostaza, por ejemplo) y los decoraron. Cada tarro lleva una etiqueta que dice para qué son los ahorros que tiene dentro: un vestido nuevo de princesa para Pryor y un palo de hockey para Imogen. Coloca el tarro en tu habitación o en la barra de la cocina para que suponga un recordatorio fácil de que tienes que ahorrar.

3. **Gráfico de progresos.** Cada tres meses, es decir, por lo menos cuatro veces al año, quiero que cuentes cuánto hay en cada tarro o en cada hucha. Toma un trozo de papel y haz un gráfico de tus progresos. Puedes anotar cada objetivo, cuánto necesitas y cuánto tienes en ese momento, junto con la fecha actual. Es una manera fácil de llevar un registro de lo que vas haciendo a lo largo del tiempo.

PREGUNTA A LAS EXPERTAS

¿Todavía tienes preguntas sobre cómo funciona el ahorro? Le pedimos a la inversora bancaria Deborah Mei que contestara a algunas preguntas de rebeldes como tú.

> Si alguien roba el banco, ¿te devuelven el dinero?
> Katherine, nueve años, Ohio (EE. UU.)

Si alguien roba el banco, el banco y la policía se esforzarán por encontrar al ladrón, recuperar el dinero e intentar que algo así no vuelva a suceder nunca más. ¡Los bancos hacen todo lo posible por proteger nuestro dinero!

Pero si no consiguen que quien lo robó lo devuelva, disponen de un seguro especial que les ayuda a proteger el dinero guardado y reponerlo si algo le sucede.

¿Qué es un seguro? Una compañía de seguros es como un protector para adultos y para sus posesiones más valiosas. Las personas tienen cosas importantes, como coches o casas, que quieren que estén a salvo. Pagan una pequeña cantidad de dinero a la aseguradora de manera regular para garantizar que, si sucede una desgracia, como un accidente de coche o una inundación en su casa, la compañía de seguros les ayudará arreglarlo. En este caso, el banco está pagando a una compañía de seguros especial para que proteja su dinero.

> **Cuando ves algo que te gusta muchísimo, ¿cómo haces para ahorrar en vez de comprártelo?**
> Viv, siete años, Kansas (EE. UU.)

Ahorrar requiere tiempo y disciplina, ¡por eso es útil tener un plan! Me gusta pensarlo en cinco pasos:

1. Primero, piensa en cuánto dinero necesitas para comprar eso que quieres. Por ejemplo, $20.
2. Luego, diseña un plan para ganar ese dinero. En este libro hay un montón de ideas, como vender limonada o hacer las tareas de la casa.
3. Cuando sepas de dónde sacarás el dinero, tienes que hacer cuentas de cuánto tiempo demorarás en ganarlo. Por ejemplo, con $2 semanales de paga, tardarás diez semanas en poder comprarte eso que cuesta $20. Puedes reducir el tiempo añadiendo dinero que hayas ahorrado de cumpleaños anteriores o que hayas ganado con algún trabajo.
4. Cuando ganes dinero, guárdalo en un lugar seguro como una hucha, un tarro de ahorro o simplemente una cajita.
5. Por último, pon una libretita al lado de tu lugar seguro para poder anotar cuánto estás ahorrando y cuánto te falta para alcanzar tu objetivo.

¡La espera puede ser dura, pero la expectación es emocionante!

Deborah Mei

CAPÍTULO 5

INVERTIR DINERO

Llega la hora de hablar de invertir, que es una de las cosas que más me gusta hacer. Mi objetivo es que salgas de aquí entendiendo qué es. A medida que te hagas un poco más mayor, puedes hablar con tu familia sobre hacer alguna inversión de prueba. Valora apartar una pequeña parte de tus ahorros, invertirlos y ver qué pasa.

VOCES REBELDES

«La gente no se da cuenta de que también puedes ser inversor. No hace falta que seas rico para poder invertir».
Arlan Hamilton, inversora

PRINCIPIOS BÁSICOS DEL MERCADO DE VALORES

La buena noticia es esta: dispones de todas las herramientas que necesitas para entender el mercado de valores. Sin embargo, hay un montón de palabras que se usan para describir las inversiones que pueden resultar confusas. Así que vamos a desglosar las partes más importantes que deberías entender.

¿Qué es una acción?

Piensa en cualquiera de las empresas que ves habitualmente. Desde las bebidas que pedimos en un restaurante (Coca-Cola) al coche que hay en la entrada de la casa familiar (Ford) hasta la música que escuchamos (Spotify). Cuando compras una acción, lo que estás comprando es un pedacito de la propiedad de una empresa.

Hagamos unas cuentas sencillas como ejemplo. La empresa XYZ tiene un valor de $100. Tomas $1 y compras acciones de la empresa. Ese dólar significa que eres dueña del 1 por ciento de la empresa. Pongamos que, durante los cinco años siguientes, la empresa tiene mucho éxito y triplica su valor. El valor de la compañía ha subido un 300 por ciento, así que tu dólar ahora se ha convertido en tres dólares.

¿Qué es un bono?

Una manera distinta de hacer crecer tu dinero es a través de un bono, que es como un pagaré («te lo pagaré»). Las empresas emiten bonos y acuerdan pagar una cierta cantidad de interés a cambio de que les prestes tu dinero. Imaginemos que Coca-Cola necesita un millón de dólares para construir una nueva fábrica. Pueden emitir un bono y acordar pagarte un interés. Así tú, como inversora, puedes decidir darles una cantidad de dinero y por otro lado saber que te devolverán más. Los bonos tienen menos riesgos para los inversores, por lo que también tienen una tasa de rentabilidad menor. La tasa de rentabilidad es la cantidad de dinero que recibes por tu inversión.

¿Qué es un fondo indexado?

Un fondo indexado es un conjunto que agrupa una gran cantidad de valores distintos en los que puedes invertir a la vez. En vez de invertir en un valor individual y esperar que vaya superbién, puedes hacerlo en un fondo indexado, que te permite invertir en una combinación de valores. Los fondos indexados pueden ser diversos. Algunos agrupan valores del mismo tipo de industria o del mismo lugar del mundo. Otros agrupan los valores por el nivel de riesgo, así si alguien quiere correr más riesgos con su dinero puede invertir en un fondo indexado con empresas que tienen un riesgo mayor.

Uno de los fondos indexados más habituales es el FTSE 100. Cuando inviertes en el FTSE 100, es como si compraras una pequeñísima parte de las cien empresas más grandes del Reino Unido. De ese modo, si algunas no obtienen buenos resultados, se equilibra con las que sí que obtienen resultados excelentes. Te digo esto como tu asesora financiera de confianza: cuando invierto en valores, me encanta hacerlo en fondos indexados.

RIESGO VS. RECOMPENSA

Los distintos tipos de inversiones implican diferentes niveles de riesgo. Puede que a lo largo de la vida oigas esto muchas veces: cuanto mayor es el riesgo, mayor es la recompensa. Invertir en productos arriesgados te ofrece la posibilidad de ganar más dinero, pero también significa que puedes perder más dinero.

Revisemos algunas cuentas e inversiones de las que hemos hablado y veamos cuál es su riesgo:

	Riesgo	**Recompensa**
Efectivo	Bajo; a no ser que lo pierdas, el dinero es tuyo.	Con el efectivo no ganas dinero y, de hecho, pierde su poder adquisitivo con el tiempo (por algo llamado inflación, o la idea de que las cosas se vuelven más caras a medida que pasan los años).
Cuenta de ahorro	Bajo, porque el banco te promete que cuidará el dinero que deposites.	En 2023 las tasas medias de interés estaban entre el 4 y el 5 por ciento.
Bonos	Moderado, porque son un pagaré. Eso quiere decir que te devolverán el dinero…, a menos que el prestatario no pueda permitirse devolvértelo.	En 2023 la tasa media anual de interés de rentabilidad (cuánto genera tu dinero al año) era del 6 al 7 por ciento.
Acciones	Alto, porque le puede ocurrir cualquier cosa al valor de la empresa que representa la acción. Puede generar más dinero del esperado… o la empresa podría quebrar.	La tasa media anual de rentabilidad en todo el mercado bursátil es del 10 por ciento, ¡pero no tiene límites! (Las acciones de Apple, por ejemplo, han crecido un 300 por ciento en un periodo de cinco años).

Detective del mercado bursátil

Una de las mejores maneras de conocer el mercado de valores es investigar un poco sobre él. Aquí tienes una misión detectivesca que puedes llevar a cabo para entender mejor cómo funcionan las acciones.

Empieza por elegir una gran empresa que te motive. Utiliza una web como Google Finance o Yahoo Finanzas, donde puedes encontrar información gratuita sobre las acciones y buscar la que prefieras.

Luego, quiero que busques unos cuantos datos:

* **¿Cuál es el símbolo de cotización?** Es un código que representa a la empresa en el mercado de valores; cada empresa tiene el suyo.
* **¿Cuál es la cotización actual de la acción?** Es cuánto cuesta comprar una acción de la empresa hoy.
* **¿Cuál es el valor total de la empresa?** A esto se le llama capitalización de mercado, y es el valor total de todas las acciones de la empresa.
* **¿Cuánto ha subido y bajado la acción durante el último año?** El precio de una acción puede cambiar mucho, así que esto te proporciona una perspectiva de cómo le ha ido recientemente.

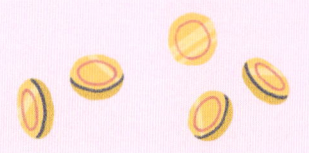

Un ejemplo:

Para mi acción, he elegido a Hershey, la mayor empresa chocolatera de EE.UU. que hace productos como, por ejemplo, los M&M's.

- **¿Cuál es el símbolo de cotización?** HSY
- **¿Cuál es la cotización actual de la acción?** $242,43
- **¿Cuál es el valor total de la empresa?** $43 490 millones
- **¿Cuánto ha subido y ha bajado la acción durante el último año?**
  +12,18 %

Entonces, hablando claro, ¿qué significa todo esto? Una acción de Hershey —conocida como «HSY»— se vende hoy a $242,43. La empresa entera tiene un valor de unos 43 000 millones de dólares, y si hubiera invertido en HSY hace un año, mi dinero habría crecido un 12,18 por ciento.

¿Qué es la tolerancia al riesgo?

Hablemos un poco de la tolerancia al riesgo. No todo el mundo se siente igual de cómodo con el riesgo. ¿Eso qué quiere decir? Bueno, pues que algunas personas se ponen nerviosas cuando sus acciones no suben. Ver que una acción que han comprado por $100 ahora vale $90 les inquieta y les da ansiedad. Otras personas ven que sus acciones bajan y no se preocupan demasiado. Entienden que están invirtiendo en el futuro, por lo que saben que, si esperan lo suficiente, la acción podría llegar a valer $200.

Ahora mismo, cada uno de nosotros tenemos un nivel de riesgo con el que nos sentimos cómodos. Eso no solo es cierto en el mundo de la inversión, sino también en cualquier ámbito de la vida.

VOCES REBELDES

«No eres una mejor inversora por descubrir todo lo que puede fallar en algo. Lo eres si descubres cómo hacer que ese algo funcione bien».
Ann Miura-Ko, fundadora e inversora

Imagina

A Caroline le encantaba la naturaleza. Donde más le gustaba estar era al aire libre. Por eso, estaba supernerviosa por ir de acampada nocturna con su clase.

En cuanto llegaron al lugar, los profes les dieron una hora para que exploraran la zona y dos reglas: id con una amiga y estad de vuelta a mediodía en las cabañas.

Caroline y su compañera de clase Campbell decidieron ir juntas, pero cuando llegó la hora, Caroline empezó a sentirse nerviosa por su elección. ¡Campbell quería hacer todo tipo de cosas que a ella le daban un poco de miedo!

Se encontraron con un roble gigantesco y Campbell trepó hasta arriba del todo del árbol. Caroline llegó a medio camino, pero le daban miedo las alturas, así que no trepó tan alto.

Más tarde, encontraron un sendero y lo siguieron, pero de repente lo cruzaba un río. Campbell quería atravesarlo, pero a Caroline le preocupaba resbalar sobre una de las rocas húmedas del sendero. ¿Por qué no daban la vuelta y buscaban otro camino?

Pese a que Campbell tenía una idea distinta de la diversión, Caroline se lo pasó muy bien. Recogió hojas coloridas mientras estuvieron fuera, porque así podría hacer *frottage* y trazar el contorno de las hojas en su diario. Y vieron dos mariposas, que eran el animal favorito de Caroline.

Cuando regresaron a las cabañas, tuvieron que volver a hacer equipo para ir al estanque a nadar. Caroline echó un vistazo alrededor. Aunque se lo había pasado bien con Campbell, decidió que prefería buscar a alguien que estuviera más cercano a su mismo nivel de riesgo.

Si tienes miedo a las alturas o eres cautelosa al abordar una nueva situación, puede que también seas de las que no quieren correr riesgos con su dinero. Sin embargo, dependiendo de la situación, cada persona tiene un nivel distinto de tolerancia. Si ahorras para algo que sucederá en un futuro muy lejano, puede que estés más dispuesta a correr más riesgos. ¿Por qué? Porque tienes mucho tiempo para interpretar el resultado de tus inversiones, así que las subidas y bajadas diarias no son tan graves.

¿Eres atrevida con el riesgo?

1. **Estás en una pista de patinaje, y tu profesora de patinaje artístico os enseña un doble *axel*.**
   A. Te ofreces voluntaria para ser la primera en intentar hacer la figura. Parece divertido, ¿por qué no?
   B. Le pides a la profe que os lo vuelva a enseñar una vez más. Si lo vuelves a ver, estarás preparada para intentar hacerlo.
   C. Tienes nervios en el estómago. Esperas a que otras compañeras lo hagan antes que tú.

2. **Estás jugando Monopoly con tus hermanos y caes en la casilla más cara del juego.**
   A. Es una casilla carísima, y ya has comprado otra muy costosa, así que podrías ganar una fortuna con las dos juntas. Decides comprarla y así tener las dos.
   B. Cuentas el dinero antes de tomar una decisión. Si compras la más cara aún te quedarán unos cuantos billetes. Con cautela, decides ir a por todas.
   C. ¡Esa casilla se te sale de presupuesto! ¿Y si la compraras y no cayera nadie allí? Por ahora decides no hacerlo.

3. **Tu centro acaba de anunciar los castings para la obra de teatro del próximo otoño.**
   A. No dudas un segundo en apuntarte, y ya le tienes echado el ojo al personaje principal.
   B. Tu profe de música te sugiere que te presentes a una de las pruebas. Lo consultas con la almohada, decides ir y acabas consiguiendo un papel del elenco de reparto.

C. Ensayas unas cuantas veces en casa para la prueba, pero no quieres hacer el ridículo, así que decides esperar al espectáculo de primavera.

4. Tu vecina te invita a una fiesta en su piscina.

A. Te pasas todo el tiempo intentando hacer distintos saltos desde el trampolín. Está a más altura de la que estás acostumbrada, pero eso le da más emoción.
B. Le pides a tu amiga, la que está en el equipo de natación, que te enseñe nuevos estilos, y entrenas el estilo lateral.
C. Te sientes más cómoda organizando fiestas de té bajo el agua en la parte menos profunda de la piscina.

5. Tu colegio busca un nuevo dibujante para hacer un cómic semanal en el periódico del centro.

A. Nunca has recibido clases de dibujo, pero ser una principiante jamás te ha detenido. Te ofreces como voluntaria enseguida.
B. Te inscribes a clases de dibujo para poder hacer un porfolio antes de aventurarte.
C. Preferirías guardar tus dibujos solo para ti.

Respuestas

MAYORÍA de A
No te asusta el riesgo. Te gusta lanzarte a los retos de cabeza, por mucho que se alejen de tu zona de confort. Para ganar a lo grande tienes que correr algún riesgo.

MAYORÍA de B
No te da miedo probar cosas nuevas... dentro de un orden. Te gusta estudiar las opciones que tienes y entender dónde te metes antes de correr ningún riesgo.

MAYORÍA de C
Lo piensas bien antes de dar el salto. En lo que se refiere a tomar decisiones importantes, eres precavida y prudente. Antes de ponerte en acción, te gusta estar muy segura de las cosas.

NO TE LO JUEGUES TODO A UNA CARTA

Una de las mejores maneras de triunfar a la hora de invertir es acordarse de diversificar las inversiones. ¿Qué significa eso? Hay una antigua expresión que dice: «No te lo juegues todo a una carta». Si esa carta con la que has apostado todo lo que tienes no te da la victoria en la partida, lo habrás perdido todo y no tendrás un plan B. En otros lugares también dicen para expresar la misma idea: «No pongas todos los huevos en la misma cesta».

Cuando diversificas tus inversiones, te aseguras de que tu dinero se reparte en muchos sitios distintos. Tal vez alguna de tus inversiones sea en bonos, otras en acciones en tu país, otra en acciones de empresas internacionales, algunas en propiedades… ¡y la lista continúa! Es importante diversificar porque las cosas se pueden torcer.

Imagina que estás invirtiendo en una empresa que fabrica animales de juguete que hablan. Han prometido que el próximo juguete va a ser el mejor hasta la fecha: no solo habla, sino que entiende lo que le respondes. Sin embargo, cuando sale a la venta, no es ni de lejos tan bueno como te habían dicho. Son animalitos de peluche de ojos grandes y muy lindos, pero ni siquiera saben en qué idioma les habla la gente, así que mucho menos pueden mantener una conversación. Cuando ocurre algo así, las acciones de una empresa se desploman porque el producto que ha fabricado no tiene el valor que el público esperaba. Y, si has invertido solo en esa única empresa, puede resultar peligroso para tu dinero.

INVERTIR A LARGO PLAZO

Es importante entender bien a las inversiones a largo plazo, porque eso quiere decir que tu dinero trabaja para ti mientras disfrutas de la vida.

La regla del cinco

Si te abruma todo lo referente a invertir, aquí tienes algunas reglas sencillas que te pueden ayudar a decidir cuáles son las mejores opciones para ti. Una de ellas se llama la regla del cinco. La idea es la siguiente: si necesitas dinero durante los próximos cinco años, no deberías invertir en el mercado de valores. Si algo va mal, podrías perder ese dinero justo en el momento en el que tienes que usarlo.

¿Ahorras para un móvil nuevo para el año que viene? Piénsatelo bien antes de invertir esos ahorros. ¿Ahorras para la universidad, a la que irás dentro de diez años? Invertir es una gran opción.

Los altibajos del mercado

Aunque el mercado bursátil gana, de media, un 10 por ciento al año en rentabilidad, a menudo puede parecer que es una montaña rusa. Oirás decir con frecuencia a los inversores que el mercado de valores es volátil, es decir, que tiene muchos altibajos.

¿Te acuerdas de cuando tuvo lugar la pandemia de COVID? La pandemia causó una gran incertidumbre. La gente no podía hacer las cosas más básicas, como ir a trabajar o viajar en avión. Eso ocasionó muchas dificultades a las empresas, que no podían ganar dinero como antes, y toda esa incertidumbre hizo que los mercados se desplomaran. En el periodo de un mes, cuando la pandemia se estaba extendiendo, el FTSE 100 (el índice del que hablamos antes) se hundió un 25 por ciento. Así que si hubieras invertido $100 en el FSTE 100, el resultado de tu cuenta de inversión habría descendido hasta los $75 en unas pocas semanas.

La gráfica siguiente te da una idea aproximada de cómo se comportó el FTSE durante 2020. Puedes ver el enorme descenso en marzo cuando comenzaba la pandemia, pero, con el tiempo, volvió a subir incluso más (¡como una montaña rusa!).

Actividad: ¿Qué hacen las acciones con el tiempo?

Para entender cómo se comportan las acciones con el tiempo, quiero que intentes completar este ejercicio que aprendí de unas amigas de tu edad: Wells, Sloan y Emma. Lo que hicieron estas tres chicas es pensar en cinco productos que les encantara tener en su vida. Estos iban desde un cereal riquísimo que desayunaban hasta una bebida gaseosa que disfrutaban los días de más calor en verano o unas zapatillas deportivas.

Elige cinco productos y pídeles a tus adultos más cercanos que te ayuden a averiguar a qué empresa pertenece cada uno de ellos. Por ejemplo, los Choco Krispies son parte de Kellanova. Luego puedes utilizar algún recurso en línea gratuito para comprobar cuánto ha crecido el precio de las acciones durante los últimos diez años.

¿Cómo es la gráfica? Cuando echas un vistazo a los diez años, generalmente ves una línea irregular; muchas veces las acciones han subido de valor y ahora valen más. Y muchas veces las acciones han bajado de valor y ahora valen menos.

¿Cuántos de tus cinco productos favoritos valen ahora más que hace diez años? ¿Cuántos valen menos? Si hubieras comprado acciones de todos ellos hace diez años, ¿en qué punto estarían hoy tus inversiones?

Si tienes curiosidad por saber cómo les irá a estas empresas en el futuro, puedes rastrear el precio de sus acciones utilizando una web como Yahoo Finanzas. Tal vez para cuando estés preparada para empezar a invertir, ya tendrás el ojo puesto en comprar algunas acciones concretas.

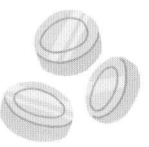

La paciencia es la clave

Recuerda que invertir es genial para cosas como la universidad o la jubilación. Otro gran objetivo a largo plazo que podrías tener sería comprarte una casa. Tal vez te compres tu primera casa cuando tengas treinta años, así que aún te faltan veinte. Cuando empieces a invertir, piensa en poner los ahorros para tu futura casa en los mercados, en una mezcla diversificada de inversiones. ¡Y entonces deja que trabajen solos!

    Los mercados suben y bajan continuamente, así que no tienes que revisar las cuentas de inversión cada día. Repasarlas demasiado a menudo puede ponerte nerviosa cuando la cosa va en descenso, aunque estés segura de que subirán si esperas un poco. Cuando tengo dinero invertido a largo plazo, lo reviso una vez al mes para seguir su progreso. Recuerda, el mercado tiene tendencia a subir con el tiempo, así que sé paciente.

Lo que hay que saber de los asesores financieros certificados

A medida que te haces mayor, hay un gran número de profesionales que podrían ofrecerte sus servicios para ayudarte a invertir tu dinero. Tú también puedes hacer muchas inversiones por tu cuenta. Sin embargo, si quieres que te ayuden a cerciorarte de que vas por el buen camino, puedes contratar a alguien que te aconseje la mejor manera de gestionar tu dinero.

Si decides hacerlo, te cobrará una tarifa por ocuparse de tu dinero. Es importante que le preguntes de antemano al asesor financiero cuál es su tarifa. Y lo más importante, asegúrate de que es Asesor Financiero Certificado (AFC). Me gusta imaginar a los asesores financieros certificados como los médicos de tu dinero. Los AFC tienen que aprobar muchos exámenes. Así que cuando ves esas letras junto al nombre de un asesor financiero, sabes que tiene la obligación de ser un buen socio para ti a la hora de gestionar tu dinero.

¿En qué momento deberías contratar a un asesor financiero? Cuando estés en la veintena y empieces a ganar un sueldo, es inteligente comenzar a cimentar una relación con alguien... aunque solo lo veas unas pocas veces al año. Puede ayudar a confirmarte que estás tomando las decisiones más acertadas con tu dinero. Quiero que cuides mucho de tu dinero a largo plazo, del mismo modo que quiero que cuides mucho de tu salud.

PREGUNTA A LAS EXPERTAS

Ann Miura-Ko vuelve para contestar a algunas preguntas de nuestras lectoras sobre inversiones:

> He oído decir que deberíamos empezar a invertir en cripto. ¿Qué significa eso?
> Kristina, diez años, Michigan (EE. UU.)

Generalmente cuando alguien te sugiere que inviertas en algo, significa que creen que si lo compras y te aferras a ello, más tarde podrás venderlo por un precio superior. En este caso, estas personas te sugieren que compres cripto. «Cripto» es la abreviatura de «criptomoneda» o «criptodivisa», que es un tipo de moneda digital o virtual, parecido a los puntos o a las monedas que hay en los juegos. Por lo general, el gobierno controla la moneda actual que utilizamos, como el dólar. Con las criptomonedas, hay una serie de ordenadores repartidos por todo el mundo que trabajan en conjunto para llevar un registro de todas las transacciones en una lista pública llamada cadena de bloques. Por lo tanto, es más bien un proyecto comunitario en vez de algo controlado por un solo jefe máximo.

Puedes invertir en tipos de criptomoneda como Bitcoin o Ethereum. Algunos de los proyectos que utilizan Bitcoin o Ethereum también son cosas en las que puedes invertir. Puedes comprar una obra de arte digital única llamada NFT (del inglés *non-fungible token*, activo no fungible).

Si piensas que los demás no aprecian el verdadero valor de la obra de arte o de la moneda y crees que valdrá más en el futuro, podrías invertir en estos activos cripto. Pero invertir en criptomonedas y NFT puede ser muy arriesgado, especialmente porque es un espacio muy nuevo. No es extraño que una pieza de arte digital que hace unos meses valía cientos de miles de dólares hoy no valga nada.

¿Qué significa interés devengado en inversión?
Viviana, diez años, Texas (EE. UU.)

«Interés devengado», en el contexto de la inversión, es el dinero adicional que ganas por el dinero que has invertido. Normalmente, ganas interés al invertir porque les estás prestando tu dinero a una empresa o a un gobierno. La empresa o el gobierno te dan lo que se llama un bono, que dice que acuerdan pagarte un tanto por ciento del dinero que les prestas durante un periodo fijo de tiempo. Eso es el interés. El interés devengado hace que tu dinero crezca con el tiempo y te ayuda a incrementar tus ahorros, que luego puedes volver a invertir.

Ann Miura-Ko

CAPÍTULO 6
A MEDIDA QUE TE HACES MAYOR

A medida que crezcas, también lo harán tus sueños. Sea lo que sea que tengas en mente, el dinero es uno de los recursos que puedes utilizar para lograr tus propósitos, tanto los grandes como los pequeños. Así que quiero proporcionarte un avance de algunas de las decisiones monetarias que puede que tengas que tomar de adulta.

Préstamos

Durante tu vida, puede que decidas pedir préstamos. Los préstamos son un instrumento útil del que disponemos para hacer muchas cosas en la vida, como ir a la universidad o comprarnos una casa.

El préstamo no es más que una manera de pedir dinero para algo que quieres hacer. Por lo general, te cobran un interés, una cuota que le debes a otro por pedirle dinero prestado. ¿Recuerdas que el banco te pagaba intereses por tu cuenta de ahorros porque te guardaban tu dinero? Si pides prestado, eres tú la que debes intereses.

Cuando haces pagos mensuales para devolver tu préstamo, ese dinero va a dos cosas: **al principal** (la cantidad que has pedido prestada) y **al interés** (el coste de pedir ese dinero prestado). Así que cuando pensemos en el coste de un préstamo, recuerda que no es solo la cantidad que pediste. Tienes que tener en mente cuánto dinero necesitarás para devolver lo que pediste, más los intereses.

Préstamos para estudiantes

Depende del lugar donde vayas a la universidad, los costes anuales de matrícula pueden variar desde los 1 000 € hasta los 20 000 € y a eso además hay que añadir los costes de alojamiento, manutención, materiales, etc. Si tenemos en cuenta que como mínimo serán tres años, el coste final puede ser realmente elevado. Algunos estudiantes pueden acceder a becas o cuentan con la ayuda de su familia, y otra opción puede ser pedir un préstamo universitario.

Cada país tiene un sistema de préstamos diferente, es importante que te informes de cómo funciona en el lugar donde quieres ir a la universidad. Por ejemplo, en España los préstamos universitarios los conceden los bancos, suelen tener bajo interés y solo se empiezan a devolver una vez finalizados los estudios. En Estados Unidos, además de los bancos, el gobierno también gestiona préstamos universitarios.

La desventaja es que una vez que empieces a trabajar tendrás que pagar una cantidad mensual para pagar tu deuda estudiantil. El pago medio de préstamo de estudiante ronda los 200 € al mes, que se destinan a devolver el principal y el interés. Así que, si tienes una deuda por un préstamo de estudiante, tus pagos irán en la parte del 20 de tu presupuesto 50/20/30.

Hipotecas

Una de las otras cosas habituales que hace la gente es pedir un préstamo para comprarse una casa. Una hipoteca es, básicamente, un gran préstamo que te ofrece la posibilidad de adquirir una vivienda, ya que mucha gente no tiene suficiente dinero disponible para hacer una compra tan costosa al contado.

A menudo, las personas contratan hipotecas a treinta años, lo que quiere decir que estarás tres décadas devolviendo el préstamo. Cuando compras una propiedad, por lo general tienes que pagar una entrada, que suele ser de entre el 10 y el 20 por ciento del coste de la propiedad. Una «entrada» es un pago por adelantado que haces de un pago mayor. Luego contratas la hipoteca por el resto del porcentaje.

Un ejemplo rápido: si quieres comprar una casa que cuesta 500 000 €, tendrás que asegurarte de que dispones de entre 50 000 y 100 000 € para la entrada. Entonces contratarás una hipoteca por valor de 450 000 o 400 000 € con el banco o la sociedad de préstamo inmobiliario (una organización que se dedica a conceder hipotecas y otros préstamos a sus miembros). El banco o la sociedad le da esos 450 000 € o 400 000 € a la persona que vende la propiedad… y entonces tú le pagas mensualmente al banco o a la sociedad para amortizar lo que le debes (más los intereses).

Para poder prestarte tanto dinero, el banco o la sociedad te cobran unos intereses. ¿Recuerdas que te conté que tu capacidad crediticia sería superimportante en tu vida? ¡Esta es una de las razones! Cuanto más alta sea tu capacidad crediticia, menor será el interés que podrás conseguir para tu hipoteca. Si tienes un buen nivel crediticio, el banco o la sociedad de préstamo saben que pueden confiar en que devolverás el dinero que te están prestando.

¿Es una buena idea comprar una casa?

Dónde elijas vivir será una de las principales decisiones monetarias que tomarás como adulta. Tu alquiler o tu cuota de la hipoteca se llevarán una buena tajada de la parte 50 de tu presupuesto 50/20/30. Una de mis mentoras me dio una vez un consejo para la vida: gastar menos de lo previsto en tu vivienda es una de las mejores decisiones que puedes tomar. ¿Por qué? Porque te da más flexibilidad con el presupuesto para invertir en otras cosas que te importan. Pagas mensualmente por tu vivienda, con lo que supone un gasto fijo y recurrente. Si es un pago caro, te limita el resto de cosas que puedes hacer.

Quiero que recuerdes una gran prueba para decidir si comprar una vivienda es lo que más te conviene. Pregúntate: ¿tengo previsto vivir aquí durante al menos siete años (e idealmente durante más tiempo)? Comprar una casa es una gran transacción que acarrea muchos gastos añadidos. Esos gastos no son demasiado elevados... siempre y cuando tengas previsto vivir allí durante bastante tiempo.

PROTEGER TU DINERO

Otro asunto importante en el que quiero que empieces a pensar es en proteger tu dinero. En la vida te vas a encontrar con gente que no tiene buenas intenciones, y que hace todo lo que puede por quitarle el dinero a los demás. Por eso quiero que estés atenta y seas cautelosa. Por ejemplo, quiero que seas consciente de cómo hablas de dinero en lugares públicos (y no enseñarle a nadie que esté cerca que tienes la cartera llena de efectivo). También quiero que pienses muy bien las contraseñas, teniendo en cuenta que gran parte de tu dinero lo manejas de manera digital. Si alguien accede a la contraseña de tu banco, puede tener acceso a todos los ahorros que tanto te ha costado ganar.

A medida que te hagas mayor, una de las mejores cosas que puedes hacer cada día es tomarte un «minuto del dinero». No son más que sesenta segundos al día para entrar en tus aplicaciones financieras, comprobar dónde está tu dinero y asegurarte de que todas las transacciones y actualizaciones te resultan familiares. Si, por ejemplo, ves un cargo de un restaurante en el que nunca has estado, es señal de que alguien puede haber tenido acceso a tu cuenta. Cuanto antes notes un problema como ese, antes podrás comunicárselo a tu banco o a la empresa de la tarjeta de crédito.

Así, quien sea que posea tu información ya no podrá gastar más, te devolverán el dinero, podrás cambiar las contraseñas y te darán unas nuevas tarjetas para evitar que te vuelva a suceder. El minuto del dinero es una costumbre fácil de instaurar y que te puede ayudar a localizar rápidamente cualquier problema.

Seguro

Otra estupenda manera de protegerte tú y a tu dinero a medida que te haces mayor es un seguro. Pagas un seguro para cerciorarte de que se encargan de ti si algo va mal. De este modo, la compañía de seguros te ayuda a cubrir los gastos que de otra manera no habrías podido permitirte. Hay una gran cantidad de tipos de seguro distintos, pero estos son los básicos que quiero que conozcas ahora:

* **Seguro de coche.** Cuando conduces un coche, estás obligada a tener contratado un seguro. Esto te protege en caso de que ocurra un accidente. Si tienes algún problema mientras vas conduciendo, el seguro te ayuda a pagar cualquier daño en tu vehículo.

* **Seguro de inquilino.** Cuando alquilas tu primer piso, vas a querer tener un seguro de inquilino. Si le ocurre algo a tu vivienda, como un incendio o un robo, el seguro de inquilinos te ayuda a reemplazar tus pertenencias. Y luego, cuando te compres una casa, el **seguro de hogar** es imprescindible para protegerte si le sucede algo a tu vivienda.

✴︎ **Seguro de viaje.** Vayas donde vayas de vacaciones —y sobre todo si vas al extranjero— quiero que valores la posibilidad de contratar un seguro. Viajar es toda una aventura, pero como en toda aventura, puede ocurrir lo inesperado y las cosas pueden salir mal. El seguro de viaje te cubrirá las cancelaciones de vuelos y hoteles, si te pierden el equipaje, o cualquier lesión o problema de salud mientras estás fuera, incluidos los costes del traslado a casa.

TU FUTURO SUELDO

Hemos hablado de que a menudo aprendemos cosas sobre el trabajo observando a nuestros adultos. Y tú has aprendido que el trabajo ideal es una combinación de lo que te gusta y de aquello que se te da muy bien. ¡Estas dos cosas puede que cambien a medida que te hagas mayor! Conforme empieces a trabajar, es una buena idea que reflexiones y te cerciores de que eres feliz con el trabajo que estás haciendo.

Cómo funcionan los sueldos

Aparte de encontrar un trabajo que te encante, tendrás que entender cuánto te van a pagar, lo que se llama el **sueldo**. Hay trabajadores por horas, a los que les pagan por cada hora trabajada. Así es como cobrarás, por ejemplo, si trabajas de niñera. Hay mucha gente que es asalariada, es decir, que les pagan una cantidad establecida de dinero por el trabajo de un año, y cobran una vez al mes. Si el sueldo de alguien es de 50 000 €, eso quiere decir que al año cobra 50 000 €.

No obstante, tampoco es tan sencillo. Parte de ese dinero se destina al impuesto sobre la renta y a la Seguridad Social (que va a tus prestaciones y a tu jubilación), y a cualquier préstamo de estudiante. No solo tienes que saber cuánto cobras, sino también entender cuál es tu **sueldo neto**, es decir, cuánto dinero recibirás después de que se hayan hecho todas esas deducciones. Si ganas 50 000 € al año, tras 8 000 € de impuesto sobre la renta, 4 500 € de Seguridad Social y 2 500 € de préstamo estudiantil, tu sueldo neto será de 35 000 €, o sea, unos 2 900 € al mes.

Mi madre me dijo en una ocasión: «Si amas lo que haces, no trabajarás un solo día de tu vida». Y creo que es una de las cosas más ciertas que he oído. Me encanta lo que hago, y todos los días son gratificantes. Quiero que encuentres el trabajo de tus sueños. Sueña siempre a lo grande, porque nadie más va a soñar por ti.

VOCES REBELDES

«Me encantaría ganar dinero trabajando de arquitecta». Olina, diez años, Colorado (EE. UU.)

¿Cómo funcionan los impuestos?

Cada vez que te paguen, una parte del dinero que ganas se dedicará a impuestos. Cuando pagas impuestos al gobierno, ese dinero se utiliza para muchas cosas, entre ellas la infraestructura que ayuda al país a ser lo mejor posible. El gobierno invierte el dinero de los impuestos en todo, desde puentes, carreteras u hospitales hasta en la defensa del país.

    Si ganas un sueldo regular, los impuestos se te descuentan automáticamente cada vez que cobras. Si trabajas por cuenta propia, tendrás que pagar el IRPF (impuesto sobre la renta de las personas físicas) y el IVA (impuesto sobre el valor añadido) según tus ingresos cuatro veces al año. En España en 2024, quien tuviera que declarar sus impuestos tenía como plazo para presentar la declaración de la renta desde el 3 de abril hasta el 1 de julio de 2024. La declaración de la renta permite al gobierno saber cuánto dinero has ganado y cuánto has pagado ya en impuestos. Si no has pagado suficiente, debes pagar más. Si has pagado de más, te devolverán algo de dinero. Es lo que se llama devolución o reembolso.

    El porcentaje de tu sueldo que va a impuestos lo determinan muchas cosas distintas, como dónde vives o cuánto ganas. Pero el tipo impositivo medio en España es de un 25 %. Eso quiere decir que si ganaras 100 €, 25 € irían a los impuestos del gobierno. Te puede parecer que al pagar impuestos estás renunciando a parte de tu sueldo, pero recuerda que ese dinero se dedica a servicios que benefician a nuestras familias y comunidades.

Pedir un aumento de sueldo

Hemos aprendido que un sueldo es una cantidad establecida de dinero que obtienes por hacer tu trabajo. ¿Qué sucede si quieres ganar más, pero también seguir trabajando en el mismo sitio? Tal vez sea la hora de un aumento de sueldo. Algunas empresas suben el sueldo de manera regular e incluso hacen evaluaciones del rendimiento. Es como la versión adulta de cuando te dan las notas en la escuela y vas a la reunión de padres. Puede que tu jefe te siente y te diga en qué estás trabajando muy bien y en qué cosas puedes mejorar. Tal vez tu jefe te diga incluso que, como estás haciendo un gran trabajo, vas a recibir un aumento de sueldo.

Sin embargo, en ocasiones, eres tú quien tiene que ser asertiva y explicarle a tu jefe por qué crees que te mereces un aumento de sueldo. Cuando lo pidas, es importante elegir el momento oportuno e ir bien preparada. Puedes sentarte a explicarle cómo has hecho que la empresa crezca y mostrarle ejemplos de las veces que has superado las expectativas. Si todo va bien, te ofrecerá más dinero. Y si vas armada con la información de cuánto cobran otros en tu mismo puesto, sabrás si el aumento que te está ofreciendo es justo. Una buena idea es charlar con tus compañeros de trabajo sobre cuánto cobran o investigar en internet el salario medio para tu puesto de trabajo y tu nivel de experiencia.

Lo más seguro es que no te concedan un aumento de sueldo cada vez que lo pidas y, a veces, la cantidad no será la que esperabas. Si tu empleador no te paga el sueldo que quieres, podrías postularte a distintos puestos de trabajo. ¡Pero si no lo pides, nunca lo sabrás! Es importante defender tus intereses porque cada euro extra que ganes es un euro que puedes dedicar a tus objetivos.

VOCES REBELDES

«A medida que adquirí confianza en mi trabajo, empecé a subir mis tarifas. A veces oponían resistencia, y otras no acababa consiguiendo el trabajo. A menudo, he tenido que convencerles de que me merecía el dinero que les había cobrado».
Issa Rose, actriz, escritora y productora

Imagina

Lou acababa de celebrar su decimosexto cumpleaños, y soñaba con comprarse un coche en cuanto cumpliera los diecisiete. Lleva ya varios años ahorrando.

Con el fin de ganar dinero para su fondo para el coche, trabajó muchísimas horas como niñera. Se le daban genial los niños y a los padres les encantaba; era superresponsable y también muy divertida. Cuando empezó a trabajar de niñera, sus primeros clientes fueron los vecinos de la casa de al lado, los Brown. La señora Brown le ofreció $12 la hora, lo que Lou aceptó encantada.

Con el tiempo, la señora Brown había hecho correr la voz de los servicios de niñera de Lou y les había dicho a otras familias lo que le cobraba, así que los demás clientes de Lou también le pagaban $12 la hora.

Lou quería ahorrar $2 000 este año para el coche. Con su tarifa actual, eso significaría trabajar más de 150 horas de niñera al año, lo que le parecía demasiado teniendo en cuenta sus otros compromisos (¡como los entrenamientos de voleibol cuatro veces por semana!).

Así que a Lou se le ocurrió una idea: ¿y si subía sus tarifas?

Empezó preguntando a las amigas que también trabajaban de niñera. ¿Cuánto cobraban? Su amiga Margo le dijo que $15 la hora, sobre todo porque hacía poco había asistido a un cursillo gratuito de RCP en el centro comunitario local. Sacarse $3 más por hora sería una buena ganancia. De ese modo, conseguiría su objetivo unas treinta horas más rápido.

Lo fácil fue apuntarse al cursillo de RCP. Ahora Lou tenía que hablar con sus clientes y preguntarles si estarían dispuestos a subirle el sueldo. Estaba muy nerviosa, pero decidió empezar por su primera clienta, la señora Brown.

La siguiente vez que la señora Brown volvió a casa para relevar a Lou de su trabajo nocturno de niñera, Lou le preguntó si podía hablar unos minutos con ella y se lanzó a explicarle unos puntos rápidos que se había preparado:

«Gracias por dedicarme este ratito para hablar. Me encanta cuidar de su familia. Me parece increíble llevar dos años haciéndolo. Siempre intento mejorar como cuidadora y hace poco he asistido a un cursillo de RCP para mejorar mis conocimientos. Por toda mi experiencia y con el certificado de RCP, he decidido subir mi tarifa a $15 la hora. Creo que es un precio que habla del valor que aporto, y espero que esté de acuerdo».

En cuanto acabó, inspiró hondo y esperó la respuesta de la señora Brown.

«¡Claro que sí, Lou! Gracias por decírmelo. Siempre haces un gran trabajo y tiene sentido lo que propones. La próxima vez que vengas a trabajar, estaremos encantados de pagarte $15 por hora».

¡Éxito! Lou estaba tan aliviada como emocionada por la conversación. Ahora iba aún más rápido rumbo al coche de sus sueños.

Reducir la brecha salarial

Cuando vas a trabajar, te mereces que te paguen de una manera justa y adecuada. Por desgracia, a las mujeres y a los hombres no siempre nos han pagado de un modo equitativo. Muchas mujeres, como la famosa rebelde y jueza de la Corte Suprema de EE. UU. Ruth Bader Ginsburg, han luchado con ahínco para acabar con esta diferencia de sueldos, que se llama **brecha salarial**. Ahora es ilegal pagar menos a una mujer que a un hombre por desempeñar el mismo trabajo.

Es una buena noticia, y estamos en un momento en el que la brecha salarial se está reduciendo, pero, por desgracia, no ha desaparecido del todo. En 2023, en España, las trabajadoras cobraron alrededor del 87 por ciento de lo que cobraron los trabajadores. Para las mujeres de color, la brecha es aún mayor. Hay un montón de razones por las que un hombre y una mujer que trabajan en puestos similares podrían cobrar menos. Una es que las mujeres son más proclives a tomarse un permiso cuando tienen hijos, y puede resultar difícil empezar a trabajar al mismo nivel después de una larga pausa. Otra es algo llamado **prejuicio inconsciente**, que es la idea de que las personas ven a los hombres y a las mujeres de distinta manera, incluso sin pretenderlo. Eso puede significar que a una mujer le ofrezcan algo menos de dinero cuando la contratan, o que elijan a un hombre para un ascenso en vez de a una mujer que tenga la misma experiencia.

No es justo, y es fácil sentirse frustrada. Pero, con valentía y confianza (y una gran cantidad de conocimientos sobre el dinero), puedes terminar el trabajo de las rebeldes que vinieron antes de ti y acabar de una vez para siempre con la brecha salarial. Por eso es superimportante sentirse cómoda a la hora de pedir un aumento de sueldo, hablar de dinero con los compañeros de trabajo e investigar sobre salarios justos. Cuanto más sepas, más confianza tendrás si te toca hacer frente a la desigualdad. Todas las personas del mundo son iguales y se les debería pagar lo mismo por desempeñar el mismo trabajo.

VOCES REBELDES

«Tenemos que eliminar una diferencia salarial que hace que las mujeres de todo el mundo estén ganando lo mismo que ganaban los hombres hace casi una década».
Indra Nooyi, CEO

Cuánto cuesta tu vida soñada

Cuando era una niña, me encantaba jugar M.A.S.H., un juego muy divertido con el que imaginar tu vida futura. Esta es una versión para darte una idea de cuánto dinero te costará tu vida de adulta. Para cada categoría, elige tu respuesta soñada. Al final, sumarás el número de símbolos de euro que has elegido.

1. **Ciudad**
    A. Lugo (€)
    B. Vitoria (€€)
    C. Barcelona (€€€)

2. **Trabajo**
    A. Cocinera (€)
    B. Enfermera (€€)
    C. Ingeniera (€€€)

3. **Hijos**
    A. 0 (€)
    B. 2 (€€)
    C. 4 (€€€)

4. **House**
    A. Piso (€)
    B. Adosado (€€)
    C. Mansión (€€€)

5. **Vacaciones**
    A. De acampada (€)
    B. En la playa (€€)
    C. Safari (€€€)

6. **Medio de transporte**
    A. Bici (€)
    B. Coche (€€)
    C. Avión (€€€)

7. **Mascota**
    A. Pez de colores (€)
    B. Perro (€€)
    C. Caballo (€€€)

Respuestas

MENOS DE 12 €
Puede que seas cocinera en Vitoria y vayas a trabajar en bici desde tu bonito piso. Tu vida futura de ensueño es asequible.

13 € – 16 €
Puede que seas enfermera, vivas en un adosado acogedor y estés ahorrando para tus vacaciones anuales en la playa en un complejo turístico que admita perros. Tu vida futura de ensueño no es barata, pero se puede conseguir.

MÁS DE 17 €
Puede que seas ingeniera en una gran empresa, y vivas en una finca inmensa con tu numerosa familia y tus caballos. ¡Tu vida futura de ensueño es superlujosa!

PREGUNTA A LAS EXPERTAS

Mientras imaginas tu futuro de ensueño, hay muchas cosas en las que pensar, ¡y desde luego el dinero es una de ellas! Penny Pritzker y Brittany Davis están de vuelta para orientarnos en algunos asuntos monetarios que pueden surgir a medida que te hagas mayor.

> ¿Cuándo tengo que empezar a pagar impuestos?
> ¿Los niños también tenemos que pagarlos?
> Maeve, once años, Nueva York (EE. UU.)

¡A veces! Empiezas a pagar impuestos en cuanto tus ganancias llegan a cierto límite, así que esto puede pasar antes de que cumplas los dieciocho años. El límite depende del lugar y cambia cada año, pero si por ejemplo en España tienes un empleo en el que ganes unos 22 000 € al año (o 15 000 €, si tienes más de un pagador), merece la pena que le pidas a tu familia que tu ayude a entender si ha llegado el momento de hacer tu declaración de la renta. Existe la posibilidad de que, cuando presentes la declaración, te salga a devolver (es decir, que el gobierno te devuelva dinero) en vez de tener que pagar algo.

Penny Pritzker

> ¿Los niños tenemos alguna manera de empezar a ganar crédito antes de tener tarjetas de crédito?
> Sophia, doce años, Nueva York (EE. UU.)

Tu capacidad crediticia es un recurso increíblemente poderoso para toda tu vida financiera, así que es genial que empieces a pensar en ello tan pronto. Mi primer consejo es comenzar por aprender qué se necesita para tener un buen nivel de crédito, como, por ejemplo, pagar las facturas a tiempo. Eso puedes aprenderlo a cualquier edad.

Algunas empresas de tarjetas de crédito permiten que los adultos añadan a sus hijos a las cuentas de las tarjetas como usuarios autorizados. Luego, las empresas enviarán la información a las agencias de crédito y permitirán que los niños acumulen crédito antes de tener una tarjeta a su nombre. Pero para poder hacer esto, tienes que comprobar la política de la empresa de la tarjeta de crédito de tus adultos y asegurarte de que quienquiera que utilice la tarjeta de manera regular siga todas las normas para tener una buena puntuación crediticia. Tener tu nombre añadido puede hacer que empieces a generar una puntuación fuerte, pero también puede perjudicar esa puntuación si no se utiliza bien la tarjeta.

Penny Pritzker

> Cuando sea mayor quiero ser cantante, pero a veces hay gente que me dice que no ganaré mucho dinero. ¿Cómo me aseguro de tener suficiente?
> Janelle, doce años, Illinois (EE. UU.)

Es maravilloso escuchar que sueñas con ser cantante y que quieres planificarlo con antelación para hacerlo realidad. Labrarse una carrera en la música puede ser muy gratificante, pero también es cierto que puede resultar difícil desde el punto de vista económico. No obstante, con dedicación y una planificación financiera inteligente, puedes perseguir tu sueño a la vez que te garantizas una seguridad económica. Aquí te dejo un par de cosas que deberías tener en cuenta:

* Haz un presupuesto. Intenta hacerte una idea de cuánto dinero necesitarás para los gastos diarios y diseña un plan, o presupuesto, para ceñirte a ese gasto. En tu presupuesto, no olvides incluir los ahorros para poder tener cierta flexibilidad durante las épocas en las que no ganes mucho con tus actuaciones. Uno de los mayores desafíos de una carrera como la de ser músico es que, a menudo, te pagan dependiendo de las actuaciones que haces o de las canciones que escribes en vez de tener un sueldo regular, con lo que es una buena idea planificar los periodos de inactividad.

* No te olvides de invertir en ti misma. Aparte de ahorrar dinero, valora cuánto podrías necesitar gastar en tu formación vocal y musical. Cuanto mejor cantante seas, más oportunidades tendrás en la industria.

Brittany Davis

RECURSOS

¿Quieres seguir mejorando tus habilidades monetarias? Aquí tienes unos cuantos recursos a los que tal vez quieras echarles un vistazo:

Videos y web

TED-Ed | *youtube.com/@TEDEdEspanol*

TED es una organización maravillosa que desarrolla conferencias sobre «lecciones que vale la pena compartir». Su contenido TED-Ed va dirigido a estudiantes, y tiene una gran cantidad de videos sobre temas financieros, como por ejemplo «¿Cómo funciona el mercado de valores?» y «¿Qué le da el valor a un billete de dólar?».

Mi Banxico | *banxico.org.mx/mibanxico*

Banxico, el banco central de México, ofrece un sitio interactivo con explicaciones sencillas, videos y recursos para estudiantes, padres y docentes. Explica qué es un banco central, sus funciones y su evolución, así como conceptos como el de oferta y demanda, la inflación, sus efectos y cómo el Banco Central se ocupa de controlarla para que el dinero no pierda su valor. También hay información sobre el sistema financiero y los diferentes instrumentos de pago disponibles hoy en día.

Juegos

La loca aventura del ahorro Abanca | *lalocaaventuradelahorro.afundacion.org*

Un juego del banco Abanca para aprender de manera colaborativa a distinguir entre lo necesario y lo deseado, fomentando así el consumo responsable. De la mano de un divertido grupo de extraterrestres y a través de situaciones cotidianas y de operaciones matemáticas, se aprenden las competencias clave, así como como la importancia de gestionar correctamente el dinero, el ahorro y de ser solidarios.

Money Town Bankinter | *bankinter.moneytown.es*

Un recurso gratuito dirigido a estudiantes de Educación Secundaria, con participación de docentes. Incorpora contenidos como la gestión de los ingresos y de los gastos, el ahorro, los medios de pago o la elaboración de un presupuesto individual equilibrado. Incluye 12 actividades interactivas, vídeos explicativos, y además un juego de simulación que permite poner en práctica los conceptos aprendidos. De este modo, pueden tomar decisiones virtuales en acciones como compras, inversiones y ahorro, todo ello pensando en el futuro.

Apps

Bankidu ofrece herramientas para gestión de dinero virtual de forma divertida, educativa y fácil de usar. Cuenta con un monedero virtual donde se pueden añadir compras y llevar un seguimiento de los gastos, así como una hucha virtual donde se puede guardar el dinero y aprender a ahorrar utilizando tres métodos de ahorro que encontrarán en la app. También es posible asignar objetivos de ahorro para metas específicas y hacer seguimiento del progreso. Otra herramienta es las tareas. A los padres se les da la opción de asignar tareas a sus hijos y pagarles con monedas virtuales o caritas felices.

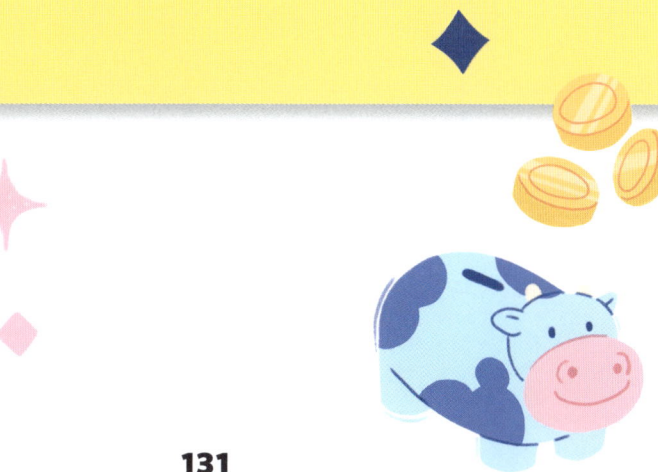

ÍNDICE

A

Abanca, la loca aventura del ahorro (juego), 130
acciones, 22, 92-93
    fondos indexados, 94
    riesgos vs. recompensas de las, 95
ahorrar dinero, 76-91
    cinco pasos para, 91
    como hábito, 88
    importancia de, 76-77
    juego de emparejar, 87
    maneras de ahorrar, 81
    maneras divertidas de, 89
    objetivos, 24-27, 84-86
    pregunta a las expertas, 90-91
    regla del 50/20/30, 69-70, 73, 77
    riesgos vs. recompensas de, 95
apps
    bancos y ahorros, 38, 83
    depositar cheques, 38
    dinero, 39, 61
    dinero digital, 61
ardilla, y ahorrar dinero, 76
artículos digitales, gastar en, 54-55
asesores financieros certificados (AFC), 108
aumento de sueldo, pedir un, 121-124

B

bancos
    contraseñas, 115
    cuentas de ahorro. Ver cuentas de ahorro
    proteger tu dinero, 115
    seguro, 90
Barroso, Gina Diez, 30, 51, 74, 138
Bitcoin, 109-110
Blakely, Sara, 40
bonos, 93
    interés devengado, 110
    riesgos vs. recompensas de los, 95

brecha salarial, 125

C

cajeros automáticos, depositar cheques, 38
capacidad crediticia, 65-66, 113, 128
carrera musical, 129
cheques
    cobrar con, 38
    depositar, 38
    pagar con, 60
Chobani, 40
coche, seguro de, 116
comparadoras, test para gestionar el dinero, 28-29
competencia, situación de la, 45-47
contraseñas, 115
cripto (criptomoneda), 109-110
cuentas bancarias,
    encontrar la cuenta adecuada, 81-83
    tasas, 83
cuentas corrientes, 21, 82, 87
cuentas de ahorro, 18, 22, 81-83
    en qué fijarse en las, 83
    interés compuesto, 23
    juego de emparejar, 87
    riesgos vs. recompensas de las, 95
    tasas, 83
    tipos de interés, 22, 77, 95

D

Davis, Brittany, 51, 52, 75, 129, 138-139
demanda y costes, reflexiones sobre, 59
depósitos e hipotecas, 113
derrochadoras, test para gestionar el dinero, 28-29
deuda
    préstamos para estudiantes, 112
    tarjeta de crédito, 64-65
digital, dinero, 61
    cripto, 109-110

dinero
    ahorrar. Ver ahorrar dinero
    aplicaciones. Ver apps
    conceptos básicos, 12-31
    ganar. Ver ganar dinero
    gastar. Ver gastar dinero
    generar dinero. Ver generar dinero
    hablar de, 17-19
    invertir. Ver invertir dinero
    necesitas vs. quieres, 12
    objetivos. Ver objetivos
    poner en marcha tu propio negocio. Ver negocio, poner en marcha tu propio
    proteger tu, 115-116
    recuerdos sobre el, 27
    sentimientos respecto al, 12, 15-16
    test para gestionar el, 28-29
    vocabulario de, 21-23, 29
diversificar las inversiones, 103-104

E

economía, 30
efectivo
    cobrar en, 37
    pagar con, 60
    riesgos vs. recompensas del, 95
emprendimiento, 32, 40-43
Ver también **negocio, poner en marcha tu propio**
estado y el coste, reflexiones sobre el, 59
estudiantes, préstamos para, 112
Ethereum, 109-110
evitadoras, test para gestionar el dinero, 28-29

F

fondos indexados, 94
FTSE 100, 94, 105

G

ganar dinero, 32-53
    cobrar, 37-39
    maneras de ganar, 32-36
    poner en marcha tu propio negocio, 35-36, 40-43
    pregunta a las expertas, 51-53
    test, 48-49
gastar dinero, 54-75
    cosas en las que gastar, 54-55
    cuánto cuesta algo, 57-59
    maneras de pagar, 60-61
    necesitas vs. quieres, 12
    pregunta a las expertas, 74-75
    tus gustos personales, 55-56
generar dinero, 32-53
    poner en marcha tu propio negocio. Ver negocio, poner en marcha tu propio
    pregunta a las expertas, 51-53
Gingsburg, Ruth Bader, 125
Google Finance, 96
gráfico de progresos para los ahorros, 89

H

hablar de dinero, 17-20
hacer donativos, 55
Hamilton, Arlan, 92
Hershey (HSR), 97
hipotecas, 113-114
hogar, seguro de, 116
huchas (alcancías), 16, 60, 81, 89
    ahorrar dinero, 18, 37, 72, 81, 89

I

imprimir dinero, 31
impuestos, 119-120, 127
    salarios y sueldo neto, 119-120
inmobiliarias, hipotecas 113-114
inquilino, seguro de, 116
interés compuesto, 23
interés devengado, 110

invertir dinero, 22, 92-110. Ver también **mercado de valores**
    a largo plazo, 104-107
    diversificar, 103-104
    pregunta a las expertas, 109-110
    riesgos vs. recompensas de, 95
    test de tolerancia al riesgo, 101-102
    tolerancia al riesgo, 98-100

J

juegos, 130-131

K

Karumanchi, Riya, 40

L

largo plazo, invertir a, 104-107
    regla del cinco, 104

M

mantras del dinero, 13
marketing, 50
    plan de negocios básico, 45-47
M.A.S.H., 126
Mei, Deborah, 90-91, 139
mercado de valores, 92-102
    diversificar, 103-104
    invertir, 22
    invertir a largo plazo, 104-107
    principios básicos del, 22, 92-94
    riesgos vs. recompensas del, 95
    tarea detectivesca, 96-97
    test de tolerancia al riesgo, 101-102
    tolerancia al riesgo, 98-100
    volatilidad, 107
mercados y costes, 58-59
Miura-Ko, Ann, 53, 109-110, 139
mujeres y brecha salarial, 125

N

necesitas vs. quieres, 12
NFT, 109-110
negocio, poner en marcha tu propio, 40-50
    gastar vs. ahorrar dinero, 78-80
    hacer correr la voz, 50
    ideas para, 41-42
    ideas para ganar dinero, 44
    para ganar dinero, 35-36
    plan básico de negocio, 45-47
    pregunta a las expertas, 51-53
    test, 48-49
niñera (canguro), trabajar de, 11, 35, 46, 73, 123-124
Nooyi, Indra, 125

O

objetivo de la empresa, 45-47
objetivos, 24-27
    para ahorrar dinero, 24-27, 84-86
oferta y demanda, 59

P

paciencia, importancia de la, 107
paga (mesada) semanal, 30, 32-33, 75
    cuenta de ahorros para, 18
pensiones personales y laborales, 85-86
planes de pensiones, 85-86
precio de cotización de la acción, 96-97
pregunta a las expertas
    ahorrar dinero, 90-91
    conceptos básicos del dinero, 30-31
    ganar dinero, 51-53
    gastar dinero, 74-75
    invertir dinero, 109-110
    tu futuro y el dinero, 127-129
préstamos, 111-114
    para estudiantes, 112
    hipotecarios, 113-114
presupuestos, 67-73, 131
    conceptos básicos de los, 68-69
    practicando, 72

    regla del 50/20/30, 69-70, 73
    test, 73
Pritzker, Penny, 31, 127, 128, 138
proteger tu dinero, 115-117

Q

qué quieres vs. qué necesitas, 12

R

recursos, 130-131
regalos, 34, 54
regla del cinco, 104
regla del 50/20/30, 69-70, 73, 114
renta, 28. Ver también **ganar dinero**
    impuestos y, 129

S

salarios (o sueldos), 118-120
    pedir un aumento de sueldo, 121-122
seguro, 116
    de banco, 90
    de coche, 116
    de hogar, 116
    de inquilino, 116
    de viaje, 117
símbolo de cotización, 96-97
sociedad de préstamo inmobiliario, 113
superahorradoras, test para gestionar el dinero, 28-29

T

tablas de progreso del ahorro, 89
tareas de casa, 11, 30, 32-33
tarjetas de crédito, 22, 62-65, 74
    beneficios de las, 62-63
    devolverlo todo, 65
    entender la deuda, 64-65
    padres que añaden a hijos a las, 128
    pagar cosas con, 60
    proteger las, 115

    riesgos de las, 63
    sistemas de recompensa y puntos, 62-63
tarjetas de débito, 60
tarjetas regalo, 38-39
tarros decorados para ahorrar, 89
tarros para ahorrar, 89, 91
tasa de rentabilidad, 93-95
tests
    gestionar dinero, 28-29
    hacer presupuestos, 73
    cuánto cuesta tu vida soñada, 126
    poner en marcha tu propio negocio, 48-49
    tolerancia al riesgo, 101-102
tipos de interés
    bonos, 93
    capacidad crediticia y, 113
    cuentas de ahorro, 77, 95
    préstamos, 111
    préstamos para estudiantes, 112
tolerancia al riesgo, 98-100
    test de, 101-102
trabajo, 118-125
    la importancia, 14
    pedir un aumento de sueldo, 121-124
    reducir la brecha salarial, 125
    sueldo neto, 119
    sueldos, 118-120

U

ubicación y costes, reflexiones sobre, 58
Ulukaya, Hamdi, 40

Y

Yahoo Finanzas, 96

CONOCE A LAS CREADORAS

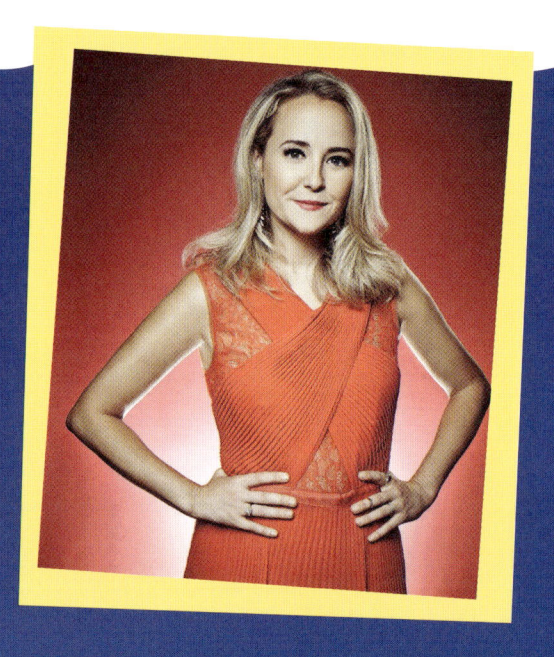

ALEXA VON TOBEL es la fundadora y socia directora de Inspired Capital. Antes de Inspired Capital, Alexa fundó LearnVest en 2008 con el objetivo de ayudar a la gente a mejorar su situación económica. Tras recaudar casi 75 millones de dólares en capital de riesgo, LearnVest fue adquirida en mayo de 2015 por la Northwestern Mutual en una de las mayores compras de tecnología financiera de la década. Alexa, que tiene el título de Asesora Financiera Certificada, es la autora superventas del *New York Times* de *Financially Fearless* y *Financially Forward*. También es la presentadora de The Founders Project with Alexa von Tobel, un pódcast semanal con Inc. que destaca a los principales emprendedores. Originaria de Florida, Alexa estudió en el Harvard College y en la Harvard Business School y más tarde se instaló en Nueva York, donde reside actualmente con su marido, Cliff, y sus tres hijos, Toby, Cashel y Rosey.

MORGAN GOBLE quiso ser ilustradora desde que era pequeña, ¡y hoy está trabajando a jornada completa como ilustradora de libros infantiles! Estudió ilustración en el Sheridan College y recibió el encargo de su primer libro poco después de graduarse. El trabajo de Morgan se ha dirigido sobre todo al público de los ocho a los doce años, pero también le encanta trabajar en libros ilustrados para lectores más jóvenes. En 2025 publicará su primer libro ilustrado propio. Vive en Ontario, Canadá, con su marido, Andy, y su gata Noni. Cuando no está dibujando, lo más seguro es que la encuentres escribiendo sus propias historias, viendo *Supervivientes* y dejando tazas de té a medio beber por toda la casa.

CONOCE A LAS EXPERTAS

Penny Pritzker es la fundadora y presidenta de PSP Partners y, junto con Alexa von Tobel, es la cofundadora de Inspired Capital. Desde junio de 2013 hasta enero de 2017, desempeñó el cargo de secretaria de Comercio en la administración Obama. Penny es emprendedora, líder comunitaria y filántropa y tiene más de treinta años de experiencia en numerosos sectores. Es miembro de la junta de varias organizaciones, desde Microsoft hasta el Comité Asesor del Museo Smithsonian de Historia de las Mujeres Estadounidenses. Penny se licenció en Economía por la Universidad de Harvard y se sacó un doctorado y un máster en Derecho por la Universidad de Stanford.

Penny Pritzker, emprendedora y exsecretaria de Comercio

Gina Díez Barroso es una emprendedora y filántropa dedicada el desarrollo de proyectos de diseño e innovación en México. Es fundadora de Diarq Holdings, una de las más importantes empresas de diseño y promoción inmobiliaria con oficinas en México y los Estados Unidos. También es fundadora y presidenta de CENTRO, la primera universidad de México enfocada en la educación creativa, y fundadora de Díez, una empresa que diseña, manufactura y exporta iluminación mexicana. Es presidenta y fundadora de Dalia Empower, una iniciativa mundial con experiencias de aprendizaje para mujeres de todos los sectores económicos que las ayuda a alcanzar sus objetivos personales y profesionales. Es miembro de la junta directiva y consejera de numerosas organizaciones, miembro de C200.org y de la Women's Executive Leadership Organization, y representante de México en la W20, la iniciativa de las mujeres del G20.

Gina Díez Barroso, emprendedora y filántropa

Brittany es socia general de Backstage Capital, una empresa de capital de riesgo, en la que identifica e invierte en empresas en fase presemilla y semilla. Ha dirigido numerosas inversiones del fondo, así como la selección de 24 empresas para entrar en el Backstage Accelerator y recibir recursos para la inversión y el desarrollo. Anteriormente, fue directora de Village Capital, donde analizaba oportunidades y

Brittany Davis, socia

realizaba recomendaciones de inversión en los sectores de la tecnología financiera, la educación, la salud, la alimentación/agricultura y la energía. Antes de eso, fundó una start-up de comercio electrónico, Runway Technologies, mientras acababa un máster en Administración de Empresas en la Harvard Business School. Acumuló experiencia ayudando a emprendedores como asociada en Techstars y como mentora en Startup Jamaica, se labró una sólida formación económica trabajando durante cinco años en el Bank of America Merrill Lynch y se licenció en Administración de Empresas por la Universidad de Carolina del Norte de Chapel Hill.

Ann Miura-Ko, inversora de capital de riesgo

Ann Miura-Ko es una inversora en start-ups con su propia empresa de capital de riesgo llamada Floodgate. Fue la primera inversora en Lyft antes de que se llamara Lyft y ha trabajado con fundadores cuando apenas estaban dando forma a una idea para así ayudarlos a convertirlas en grandes empresas.

Ha estado en multitud de ocasiones en la lista Forbes Midas de los principales inversores de riesgo y en la lista del *New York Times* de los 20 mejores inversores de riesgo del mundo. Ann es también codirectora del Stanford Mayfield Fellows Program, un programa selectivo de enseñanza de emprendimiento y liderazgo para doce estudiantes universitarios. Ann tiene un doctorado en Modelización Matemática de la Seguridad de la Información en Stanford y una licenciatura en Ingeniería Electrónica en Yale.

Deborah Mei, inversora de banca

Deborah es cofundadora y socia del Raine Group, un banco mercantil integrado que aconseja e invierte en sectores de gran crecimiento de la tecnología, los medios de comunicación y las telecomunicaciones. Deborah, que vive en Singapur, es responsable de la actividad de Raine en Asia, desde Corea hasta Indonesia y Taiwán llegando hasta la India. Antes de Raine, Deborah fue directora general y responsable de la banca de inversiones en consumo, en minoristas, en el sector del juego y en el industrial en Asia-Pacífico para Morgan Stanley, con sede en Hong Kong. Deborah ha trabajado en banca de inversiones durante casi treinta años. Tiene una licenciatura de la Cornell University, un máster del Joseph H. Lauder Institute y un máster en Administración de Empresas por la Wharton School of Business. Deborah vive en Singapur con su marido, su hijo de once años y su hija de ocho.

MÁS DE REBEL GIRLS

Deja que las historias de mujeres reales te entretengan y te inspiren. En este volumen de la serie *Cuentos de buenas noches para niñas rebeldes* hay 100 relatos de mujeres valientes y extraordinarias y, además cuenta con las ilustraciones de artistas de todo el mundo.

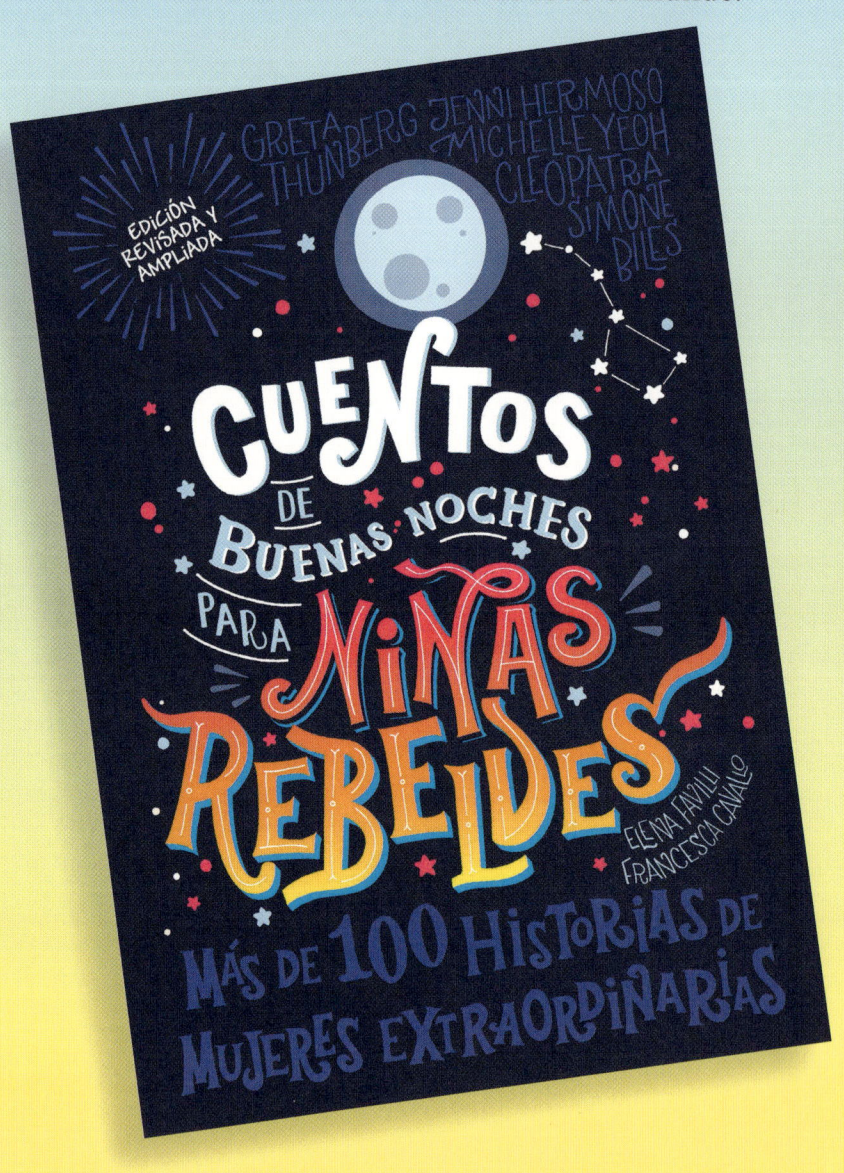

En *Querida Rebelde*, 60 chicas adolescentes y mujeres nos cuentan sus consejos, experiencias y el secreto de su éxito a través de cartas, poemas, ensayos y aurretratos.

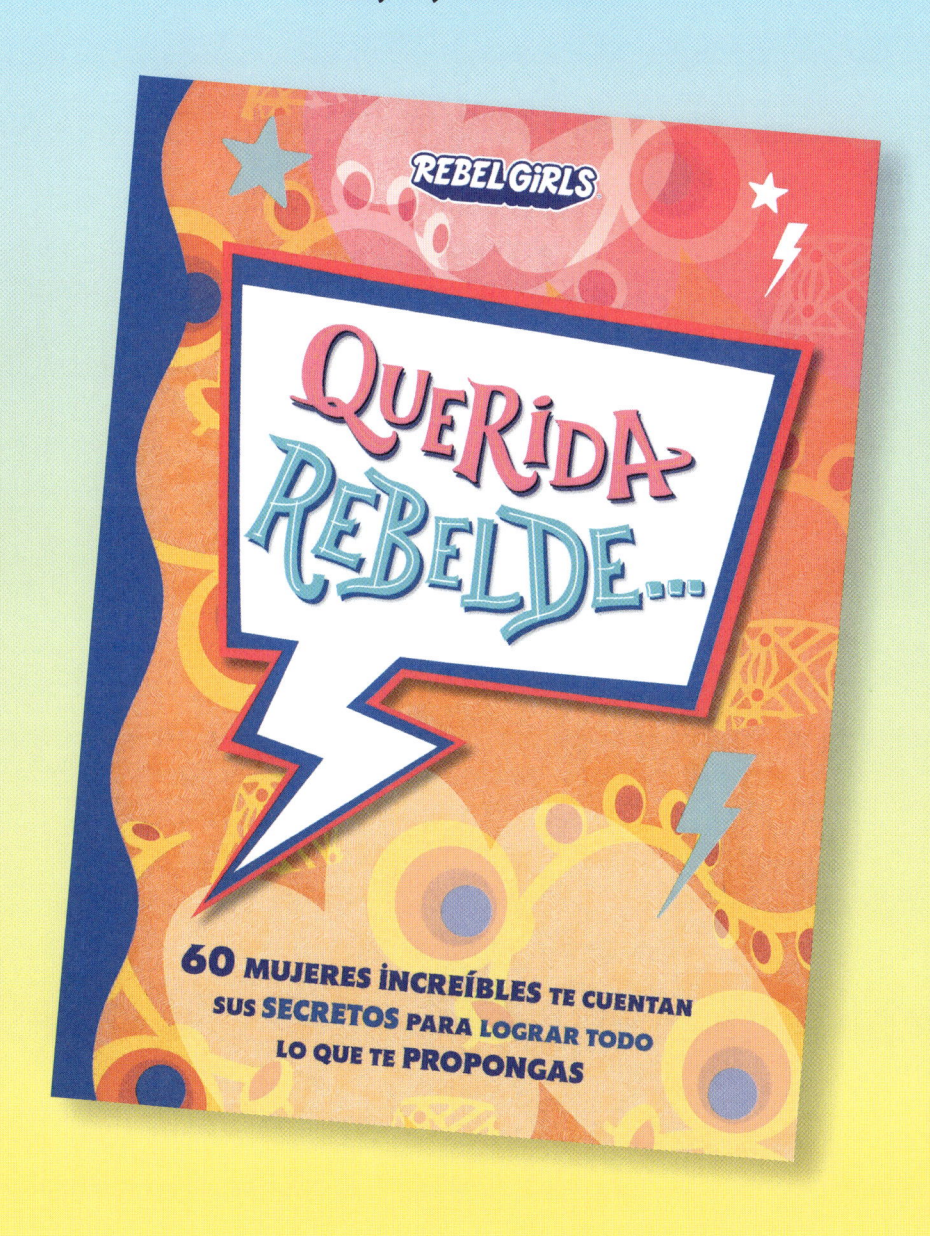

Somos chicas poderosas.
La adolescencia conlleva muchos cambios para las chicas. Por un lado están las cosas emocionantes: hacer amigos, descubrir tus superpoderes y encontrar tu lugar. Luego están las cosas no tan divertidas: cambios corporales, estrés escolar y ansiedad social.
¡Es entonces cuando descubrirás a la Rebel Girl que llevas dentro!

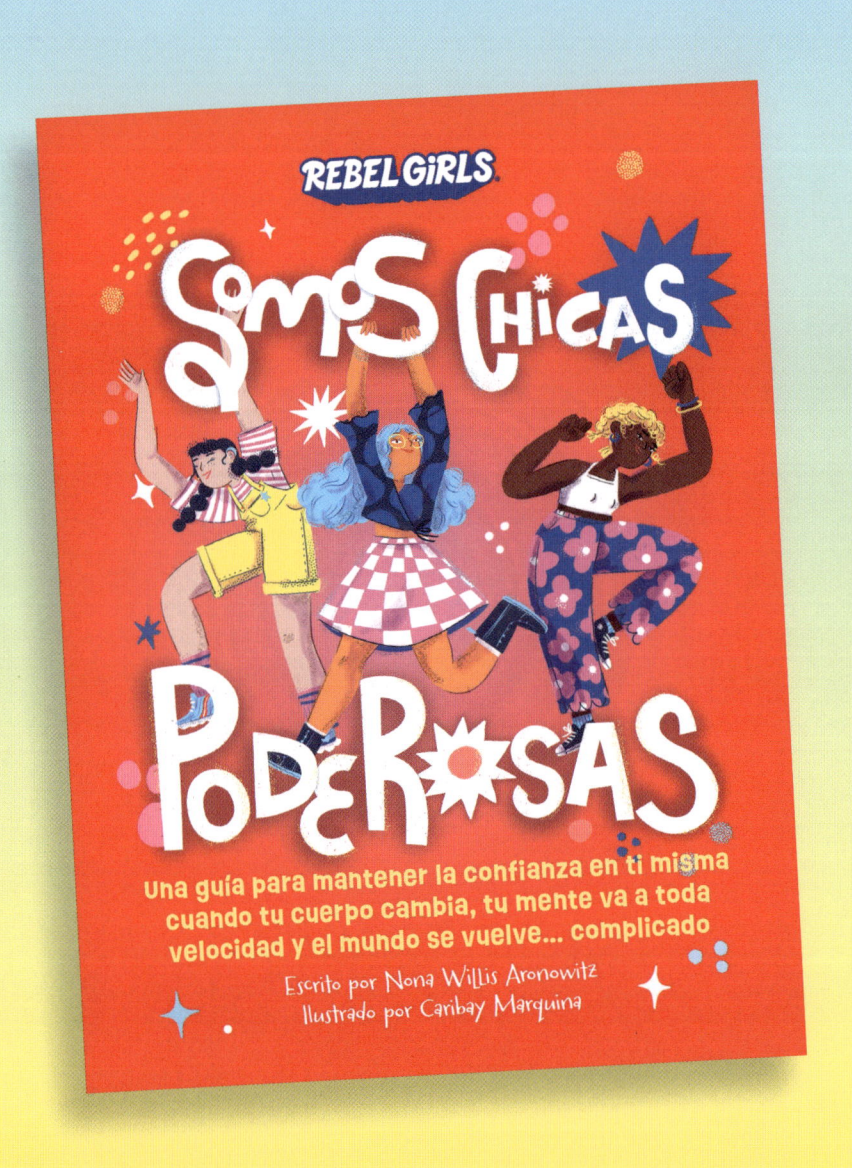

Vida social: guía de supervivencia.
El primer día de clase en una nueva escuela, iniciar una conversación con alguien que quieres que sea tu amigo, apuntarte a una extraescolar y ser la nueva del grupo... ¡Hay tantos momentos difíciles en la vida! A veces, la ansiedad social puede con nosotros: nos pasa a todos. Pero lo bueno es que puedes combatirla.

Con consejos de expertas, cuestionarios personalizados y testimonios de otras muchas chicas como tú, esta guía te ayudará a afrontar esos momentos delicados en los que tienes que disculparte, dar las gracias o pedir ayuda a alguien.

SOBRE REBEL GIRLS

REBEL GIRLS, una empresa con certificación B, es una marca multiplataforma de empoderamiento disponible en todo el mundo. Su objetivo es educar a la generación de chicas más inspirada y segura a través de contenido, experiencias, productos y comunidad. A partir de un libro infantil superventas internacional, Rebel Girls sirve como altavoz de las historias de extraordinarias mujeres reales de todas las épocas, lugares y campos de especialidad. Con una comunidad creciente de 30 millones de chicas que se identifican como rebeldes, que se extiende por más de 100 países, la marca muestra su compromiso con la generación alfa en su serie de libros y contenido de audio, eventos y artículos de la marca. Hasta la fecha, Rebel Girls ha vendido más de 11 millones de libros en 50 idiomas y ha alcanzado los 40 millones de audioescuchas. Entre los reconocimientos y premios están la lista de más vendidos del *New York Times*, el Apple Design Award por impacto social en 2022, varios Webby Awards en las categorías de familia y niños, y educación, y distinciones en la Common Sense Media Selection, entre otros.

Como B Corp., formamos parte de una comunidad de empresas a nivel mundial que cumple elevados estándares de impacto social y medioambiental.

¡Únete a la comunidad de Rebel Girls!

- YouTube: youtube.com/RebelGirls
- Pódcast: rebelgirls.com/podcast
- Facebook: facebook.com/rebelgirls
- Instagram: @rebelgirls
  @dk_editorial
- Página web: rebelgirls.com

Si te ha gustado este libro, por favor escribe una reseña sobre él en el sitio que prefieras.